REIKI EN EDELSTENEN

D1664494

UITGEVERIJ SCHORS - AMSTERDAM

REIKI EN EDELSTENEN

Op weg naar harmonie met universele levenskracht

Ursula Klinger-Raatz

Oorspronkelijke titel: Reiki mit Edelsteinen - Ursula Klinger-Raatz
Uitgegeven door: Windpferd Verlag - Aitrang 1990

Vertaald door: Hajo Geurink

Copyright 1990 Uitgeverij Schors - Amsterdam

ISBN 90 6378 216 0
NUGI 734

INHOUD

Twaalf reiki-behandelingen met edelstenen

VOORWOORD

Mijn persoonlijke weg

Sinds beide krachten vele jaren geleden door inwijding in mijn leven zijn gekomen, zijn ze tot een sterke eenheid versmolten, die mij met beide benen op de grond gebracht heeft en mijn hart en mijn ontvankelijkheid voor de prachtige alliefde en het licht uit de goddelijke bron heeft geopend. En ik heb geleerd deze kracht in het dagelijks leven toe te passen.

Door reiki ben ik tot beheersing van mijzelf, mijn omgeving en de universele levenskracht gekomen; de edelstenen en kristallen hebben mij naar de ontwikkeling van schoonheid en vreugde, concentratie en essentie in mijn leven geleid.

Een grote stap op mijn weg naar reiki werd ingeluid door mijn problematische zwangerschap en de pijnlijke en smartelijke verlossing en geboorte van een dood kind. In mijn verwerkingsproces van deze ingrijpende gebeurtenis vond ik mijn spiritualiteit en drie jaar later kwam ik, via mijn reïncarnatietherapie en -training, tot de universele, goddelijke lichtstroom en zijn grootse bevrijdende, genezende kracht. Deze sleutelgebeurtenis leidde me kort daarop, in de zomer van 1983, naar reiki en mijn inwijding in de 1e graad van reiki. Tot op de dag van vandaag voel ik grote dankbaarheid jegens mijn reiki-meester Brigitte Müller, toentertijd de enige in Duitsland wonende vrouwelijke reiki-meester, van wie ik het geschenk van reiki ontvangen mocht.

Met mijn inwijding in reiki brak voor mij een nieuwe levensfase aan. Reiki gaf en geeft mij de volkomen zekerheid dat ik, door de ontvangen inwijding, in alle natuurlijkheid en eenvoud door het opleggen van mijn handen een kanaal ben voor het licht, de alliefde, de genezende goddelijke kracht - zonder dat ik me daartoe hoef in te spannen of dat het nodig is dat ik me iets voorstel of bepaalde rituelen uitvoer of aan zekere voorwaarden voldoe, kortom, zonder dat ik mij op het geven van reiki hoef te concentreren. Mijn handen heb ik steeds bij me en zijn er klaar voor om te geven. Daarbij stroomt de reiki altijd vanzelf, geheel onafhankelijk van mijn persoon, optimaal naar degene die de reiki ontvangt, in de mate dat hij het nodig heeft en opnemen kan. Vanuit die basis ben ik in staat andere mensen met reiki te steunen, hun krachten tot zelfgenezing te activeren, hun manier van denken en levensinstelling alsmede hun gedrag te doorgronden en te vernieuwen en hun bewustzijn te verruimen en te verhogen. Een maand na mijn inwijding in de 1e reiki-graad opende ik het *Institut für Ganzheitliche Psychologie* en sedertdien werk ik zelfstandig met enkelingen en groepen volgens de principes van reiki.

Een jaar later, zomer 1984, kreeg ik tijdens een onverwachte maar zeer indrukwekkende ontmoeting met een sjamaan, toen ik door het 'vuur der aarde' gevloerd was, een heel kleine zwarte edelsteen met witte vlekken, een sneeuwvlokobsidiaan, in handen. De sjamaan gaf hem aan mij met het verzoek dat ik zou luisteren naar wat de steen te zeggen had. Op dat moment gingen er nieuwe dimensies in mij open; de edelstenen en kristallen begonnen tegen mij te praten. Zonder dat ik er ooit eerder ervaring mee had gehad, betrad de 'hoeder der stenen' als hoger, goddelijk bewustzijn van de wereld der edelstenen mijn bewustzijn, toen ik voor de eerste keer edelstenen en kristallen in een mandala legde, en hij gaf me de eerste inzichten en aanwijzingen betreffende de omgang met de wonderbaarlijke kleurvibraties van de stenen. Ik onderging het als een diepe innerlijke inwijding in en kennismaking met een stralende, voor mij tot dan volkomen verborgen gebleven, geheimzinnige wereld, waarin ik zo innig verbonden raakte met de lichtvibraties en uitstraling van de edelstenen en kristallen, dat ik ze sedertdien als een deel van mijzelf beleef.

Op basis van reiki leerde ik, onder mijn innerlijke leiding, edelstenen te betrekken in mijn werk met reiki. Daardoor intensifieerde mijn energie aanzienlijk en werd ik nog ontvankelijker voor reiki. Nog in hetzelfde jaar werd ik in de 2e reiki-graad ingewijd, waardoor mijn bewustzijn en mijn omgang met reiki en edelstenen op een hoger niveau kwamen en ik er nieuwe toepassingsmogelijkheden voor vond. Daaruit ontwikkelde zich mijn bewuste waarneming van de energetische processen in de energielichamen van de mens, zijn aura en energiecentra. Bovendien nam mijn mediamieke begaafdheid toe, dank zij welke ik weet welke steen iemand in zijn actuele levenssituatie tot steun kan zijn. De edelsteen trekt daarbij mijn aandacht. Met zijn voor mij duidelijk zichtbare uitstraling geeft hij concrete aanwijzingen en hulp. En zo kom ik te weten welke zieleroerselen naar expressie verlangen. Mijn werk met reiki en edelstenen leidt me steeds weer naar nog verborgen, in mij sluimerende gaven en vermogens, zodat ik ze in het 'licht' kan brengen, d.i. me er bewust van kan worden. Zo verschenen de engelen, of preciezer gezegd vier aartsengelen en de edelsteen- en kristalengelen, in mijn leven en werk, en na mijn inwijding tot reiki-meester ook de opgestegen meesters en hoge dragers van het licht, die, uit oneindige liefde voor ons allemaal, onafgebroken de grootse kleurstralen uit goddelijke bron in onze levensstroom geleiden.

Gedurende mijn talloze ervaringen met reiki en edelstenen, zowel wat mijzelf betreft als wat de toepassing en initiatie van beide krachten bij anderen aangaat, heb ik me door de geestelijke wereld laten leiden. De essentie van die belevenissen breng ik dit boek onder woorden. Het bijzondere aan reiki in combinatie met edelstenen is het natuurlijke en directe samenstromen van beide krachten, die elkaar daardoor activeren en verhogen: en het resultaat is meer dan louter de som van beide energieën.

INLEIDING

Twee natuurlijke krachten

In edelstenen en kristallen zitten de verlichtende, stralende krachten van het universum besloten, die op natuurlijke wijze ons vermogen tot zelfgenezing activeren en ons helpen ons goddelijk lichtbewustzijn te ontwikkelen. Met reiki, een in Japan herontdekte natuurlijke (zelf-)geneesmethode, kunnen we deze verlichtende, stralende krachten van het universum kanaliseren en door het opleggen van onze handen naar onszelf en anderen laten stromen. Wanneer we beide krachten gecombineerd en elkaar wederzijds aanvullend en intensifiërend inzetten voor ons welzijn, kunnen we de prachtigste belevenissen hebben.

De wereld der edelstenen is diep in het binnenste van de aarde, in de schoot van Moeder Aarde, ontstaan. Onder geweldige druk en over een onvoorstelbaar lange tijd zijn ze in alle stilte als schitterende bloemen gegroeid in de duisternis. In ze zit het goddelijke licht in zijn volkomenheid, zuiverheid, helderheid en veelvuldigheid bevat. Kleuren, vormen en structuren zijn hier zo uniek geconcentreerd manifest geworden, dat we geen vergelijkbare aardse verschijningsvormen kennen. De eenheid van de Hemelse Vader (licht, geest) en Moeder Aarde (duisternis, materie) komt in iedere edelsteen en ieder kristal op volmaakte wijze tot uitdrukking.

Met onze 'uiterlijke ogen' alleen kunnen we weliswaar de schoonheid, het fonkelen, de intense kleuren, de vorm van een edelsteen zien en daar vreugde aan beleven, maar zijn verborgen krachten, zijn schitteren en stralen tot ver in het universum, zijn verbondenheid met de wereld van het licht, waaruit hij en wij en al het leven ontstaan zijn, zijn verlangen om bij ons te komen en door ons aangenomen en geliefd te worden en ons bewustzijn naar het goddelijke, naar het licht, naar de geest in de stof te leiden - dat alles kunnen we slechts met ons 'innerlijk oog' waarnemen.

Het woord 'reiki' komt uit het Japans en refereert aan de universele levenskracht. Deze werd door de in Japan wonende en werkzame christelijke priester dr. Mikao Usui in de 19e eeuw herontdekt als de goddelijke, universele geneeskracht. Ze is dezelfde kracht als die welke reeds door Boeddha en Christus werd gebruikt om door middel van handoplegging genezing te brengen. Ze is de kracht die uit de bron van het eeuwige licht naar ons toe stroomt, door ons stroomt en ons omringt. Ze is een kracht die overvloedig beschikbaar is en eigenlijk ons allemaal ter beschikking staat.

Met onze geboorte in dit leven raken we aanvankelijk echter, al was het alleen al door ons fysieke lichaam, verstrikt in de grofstoffelijke vibraties van de materie, in aardse processen en de daaruit voortvloeiende noodzaken. Daardoor zijn we nog ver verwijderd van het opnieuw ontdekken van ons geboorteland in het licht. Naarmate we ons lichtbewustzijn ontwikkelen, zullen we evenwel hoe langer hoe meer samenhangen tussen stof en geest opnieuw gaan inzien en zal het verlangen en streven van onze ziel om naar onze oorsprong, naar het licht, naar het goddelijke terug te keren steeds sterker en zo intens worden, dat het licht versterkt naar ons toe kan stromen.

We kunnen op talloze manieren onze lichtvibraties dusdanig activeren, dat we ons voor het licht van het leven, de universele levenskracht, open stellen en de genezende goddelijke lichtstraal met zijn onvoorwaardelijke liefde daardoor versterkt naar ons toe kan stromen.

Een van de mogelijkheden om innig met de universele levenskracht verbonden te zijn, wordt geboden door de inwijding in reiki. Met deze inwijding wordt ons geneeskanaal zo zeer gezuiverd en geactiveerd, dat we op eenvoudige en natuurlijke wijze een bemiddelaar tussen geest en stof worden. De levenskracht stroomt automatisch door de ingewijde reiki-handen, wat we er verder ook mee willen doen, waar we ze verder ook opleggen.

Beide, reiki en edelstenen, zijn natuurlijke, sterke en geconcentreerde lichtkrachten, die het goddelijke lichtbewustzijn opnieuw tot leven in ons wekken.

ACHTERGRONDEN

HET ONTSTAAN VAN EDELSTENEN VANUIT INNERLIJK, GEESTELIJK PERSPECTIEF

Nog lang voordat de aarde zichtbaar werd, ontstonden in de wereld van het licht een idee en een scheppingsplan voor de verwezenlijking van die idee. Uit de eenheid van het licht vormde zich een groot aantal verschillende kleurstralen en met elke van deze lichtstralen verbonden lichtwezens. Iedere kleurstraal en ieder lichtwezen zorgt er sindsdien voor dat ze zich overeenkomstig hun vibratie op het materiële vlak tot uitdrukking kunnen brengen. De lichtwezens van de edelstenen verborgen hun manifestaties diep in de duisternis van de aarde, onzichtbaar voor een ieder wiens aandacht niet naar de diepte uitging. Onophoudelijk begeleidden deze lichtwezens het ontstaan en groeien van hun steen in de schoot der aarde, hielpen hem onder de geweldige druk stand te houden, schonken hem van hun schitterende kleuren, concentreerden hem in een oneindig langzaam groeiproces. En ze letten erop of hij wel een evenbeeld van hun vibratie werd: een manifestatie van hun licht, hun geestelijke, fijnstoffelijke zijnstoestand, ingebed in de voorwaarden en mogelijkheden, structuren, vormen en kleuren van de grofstoffelijke vibraties, van de aarde.

Vol vertrouwen en liefde, zich van hun schitterende schoonheid in het verborgene bewust, wachten de lichtwezens er, soms duizenden, soms miljoenen jaren, op dat hun manifestaties, de edelstenen, ontdekt worden door de mens. Ze helpen Moeder Aarde en haar 'steenkinderen' het veelal met geweld gepaard gaande opgraven en delven uit de schoot der aarde (met hamer en beitel, met springstoffen, met graafmachines) te doorstaan. En ook wanneer een steen geslepen wordt, voelen engelen zich tot deze bewustzijnsverhogende veredeling aangetrokken en begeleiden dit proces, door welk de mens de schoonheid van de steen zo volmaakt mogelijk probeert te doen uitkomen.

En dan zijn de lichtwezens er klaar voor hun intrede in ons bewustzijn te maken. In alle culturen en religies is edelstenen en kristallen een bijzondere achting ten deel gevallen. Ze stegen in 'aanzien' doordat ze niet alleen als sieraad, versiering of voorwerp van waarde werden beschouwd, maar ook als drager van kracht, gelukaanbrenger, talisman enz. Juist de laatste jaren zijn staan vele mensen als nooit te voren open, ontvankelijk en bereidwillig tegenover de verborgen krachten, de fijnstoffelijke vibraties van edelstenen. Het wordt daardoor mogelijk dat nu zeer veel lichtwezens en engelen van edelstenen voor hun lange wachten beloond worden en samen met de mens en via het zich steeds verder ontwikkelende lichtbewustzijn van de mens aan hun lichtactiviteiten op aarde beginnen.

Met elke edelsteen en elk kristal dat ik in mijn handen houd, word ik me bewuster van het wonder der schepping, kom ik in contact met een stuk eeuwigheid, met lichtkrachten, die sedert honderden, duizenden jaren of misschien zelfs wel miljoenen jaren op mij gewacht hebben.

Er zijn intussen vele manieren en methoden om met de lichtkrachten van de stenen in verbinding te komen en hun vibraties voor genezing en bewustzijnsontwikkeling te onderkennen en te benutten. In dit boek zal ik laten zien hoe de lichtkrachten van edelstenen en kristallen met behulp van reiki heel natuurlijk geactiveerd kunnen worden - een wel zeer bijzondere methode.

REIKI

Oorsprong en herontdekking

De krachten van reiki ontspringen aan dezelfde bron als die van edelstenen en hun lichtkrachten. Al het leven ontspringt trouwens aan deze bron: het goddelijke licht. In het bewustzijn van de mens is een goddelijke vonk uit deze oeroceaan van licht en liefde bewaard gebleven, die ernaar streeft hier op aarde een lichtkanaal te worden voor de genezende en vervullende alliefde van de universele levenskracht. Ook wij mensen zijn eerst als idee in het geestelijke scheppingsplan geboren en vervolgens naar het beeld van God met ons 'Hogere Zelf' geschapen. Ons Hogere Zelf verblijft immer in de wereld van het licht en begeleidt en leidt ons vandaaruit en stuurt ons steeds weer in de richting van het licht, elke incarnatie weer opnieuw, bij al onze ervaringen. Zolang we het licht niet zien, zolang we alleen met onze 'uiterlijke' ogen in het grofstoffelijke om ons heen rondkijken, blijven ook wij, net als de edelstenen in de duisternis der aarde, ver verwijderd van onze oorsprong, de goddelijke liefdeskracht. Door onze verbondenheid met ons Hogere Zelf, dat in zijn oneindige liefde onze ziel reeds in vele belichamingen en 'slijpprocessen' hier op aarde begeleid heeft, krijgen we echter steeds weer nieuwe kansen om ons bewuster van het licht te worden.

We kunnen op rechtstreekse en heel bijzondere wijze in contact komen met ons Hogere Zelf en door middel daarvan met de universele levensenergie, de oerzee van het licht: via het lichtkanaal, dat we ook wel geneeskanaal noemen.

Door onze handelingen, gedachten en gevoelens hebben we dit lichtkanaal evenwel geblokkeerd. Pas als we ons in toenemende mate op het goddelijke bewustzijn instellen en ons verlangen naar eenheid, harmonie en genezing almaar sterker wordt, kunnen we lichtvibraties activeren, die de goddelijke, universele lichtenergie in staat stellen naar ons toe te stromen. Het kanaal wordt weer geopend.

In alle religies en hogere culturen gaat het uiteindelijk om de toewijding van de mens aan het licht, om de hereniging met deze leven schenkende, genezende, universele alliefde, om de eenheid met God. Alle stichters van godsdiensten hebben de weg naar deze eenheid gevonden en helpen hun 'leerlingen' eveneens deze weg te vinden. Het is een oerdrang van onze ziel om weer naar het lichtland van herkomst terug te keren, en enkele zielen die hun lichtbewustzijn reeds bijzonder sterk ontwikkeld hebben, incarneren steeds weer op aarde ten einde de mensen erin bij te staan hun weg uit het niet-bewustzijn te vinden en daarin ook anderen te helpen.

Ook de herontdekking van reiki is terug te voeren op dit hunkeren van de ziel naar hereniging met het goddelijke licht en zijn allesgenezende liefde.

Aan het einde van de 19e eeuw woonde en onderwees in Japan een priester met de naam Mikao Usui. Hij was rector van een kleine christelijke universiteit in Kyoto. Toen een van zijn oudste leerlingen hem vroeg of hij wist hoe Jezus genezen had, moest hij het antwoord schuldig blijven. De vraag bleef hem echter bezighouden. Uiteindelijk legde hij zijn ambt als rector van de Doshisha Universiteit neer en ging op zoek naar aanwijzingen over het antwoord. Hij reisde eerst door de Verenigde Staten en behaalde aan de Universiteit van Chicago zijn doctorsgraad in oude talen, waarin hij de ontraadseling van het geheim hoopte te vinden. Hij ontdekte evenwel niets en keerde naar Japan terug, toen hij zich realiseerde dat er ook in de traditie van het boeddhisme over de genezende kracht van Boeddha en zijn discipelen bericht werd. Hij bezocht verscheidene kloosters, bestudeerde Japanse vertalingen van boeddhistische geschriften en leerde Chinees om de boeddhistische geschriften nog beter te kunnen doorgronden. Pas na zijn besluit om Sanskriet, de taal van de oudste boeddhistische geschriften, te leren kwam hij nochtans terecht bij aantekeningen van een leerling van Boeddha: bij beschrijvingen, formules en symbolen van Boeddha's wijze van genezen. Na zeven jaar had dr. Usui gevonden waarnaar hij zocht.

Zijn kennis van de symbolen was echter nog niet voldoende om zelf met de genezende geestelijke kracht in contact te komen. Hij

De Reiki-leefregels

Juist vandaag,
wees niet boos.
Maak je geen zorgen.
Eer je ouders, leraren
en ouderen.
Verdien eerlijk je brood.
Voel je dankbaar
voor alles wat leeft.

Dr. Mikao Usui

volgde de raad van een oude vriend, een abt, op en vastte en mediteerde 21 dagen op een van de heilige bergen van Japan. Op de 21ste dag kwam er een geweldige lichtstraal uit de hemel op hem af, waarvoor hij, als eerste reactie, het liefst weggelopen was. Maar plotseling drong het tot hem door dat het precies datgene was waarnaar hij gezocht, waarop hij gewacht had.

Nadat hij door dit licht aangeraakt was, veranderde zijn bewustzijnstoestand. Hij zonk neer op de bodem en zag snel achter elkaar, in een soort lichtbellen, de door hem in zijn studies ontdekte symbolen verschijnen, die diep in zijn bewustzijn inbrandden en voor hem sleutels tot de goddelijke geneeskracht bleken.

Dr. Usui gaf de door hem opnieuw ontdekte kracht, waarmee reeds Boeddha en Jezus door handoplegging genezing hadden gebracht, de naam reiki. Reiki is het Japanse woord voor universele levenskracht. Hij ontwikkelde verder de Usui-methode, een natuurgeneeswijze, gaf vele mensen reiki en onderwees degenen die meer over deze kracht wilden weten in de toepassing van reiki. Hij leerde hun ook zichzelf te genezen en hun levenswijze met behulp van de door hem opgestelde reiki-levensregels zodanig te veranderen dat ze tot een andere levensinstelling kwamen.

En tot op heden wordt reiki per traditie alleen via inwijdingen door reiki-meesters doorgegeven en geleerd.

Voor zijn overgang naar de geestelijke wereld benoemde dr. Usui een van zijn nauw met hem en reiki verbonden leerlingen, namelijk dr. Chujiro Hayashi, een gepensioneerde marineofficier, tot zijn opvolger en tot *meester van reiki* en vertrouwde hem de *essentie van reiki* toe.

Dr. Hayashi stichtte een reiki-kliniek in Kyoto en Tokio. Daar kwam in 1935 ook de op Hawaï wonende Japanse Hawayo Takata met een tumoraandoening terecht. Zij werd door reiki genezen en werd daarna zelf een kanaal voor reiki. Zij verbleef een jaar voor opleiding in de kliniek en keerde toen terug naar Hawaï, waar zij reiki ging praktizeren. In 1937 bezocht dr. Hayashi haar enkele maanden en onderwees haar verder. Voor zijn vertrek in februari 1938 wijdde hij haar als eerste en destijds enige persoon in de VS tot *meester in de reiki-geneeswijze volgens dr. Usui.*

Voor het uitbreken van de oorlog tussen de VS en Japan droeg dr. Hayashi in Japan de essentie van reiki over aan Hawayo Takata en benoemde haar tot de 'meester van reiki' en tevens zijn opvolgster. Daarop verliet hij te midden van zijn familie en de in Japan wonende reiki-meesters zijn lichaam.

Dank zij Hawayo Takata verwierf reiki bekendheid in het westen. Zij leidde 21 reiki-meesters op. Daartoe behoorde ook Phyllis Lei Furumoto, haar kleindochter, die reeds als kind door haar in reiki ingewijd was, maar pas nadat ze haar opleiding afgemaakt en enige jaren gewerkt had, op dertigjarige leeftijd in 1979 bereid was tot meester ingewijd en intensief in reiki onderwezen en opgeleid te worden. Hawayo Takata benoemde haar voor haar dood in 1980 tot *meester van reiki* en met de essentie van reiki tot haar opvolgster. Sedertdien rust de verantwoordelijkheid voor reiki bij Phyllis Lei Furumoto. Intussen zijn vele reiki-meesters door haar en andere reiki-meesters ingewijd, momenteel ruim 300, die over heel de wereld reiki initiëren en leren.

En de reiki-familie wordt almaar groter en verenigt ons hier op aarde in licht en liefde, zoals wij het eigenlijk al zo lang zijn in de geestelijke wereld.

DE INWIJDING IN REIKI

Het bijzondere van reiki zit in de zuivering en activering van het geneeskanaal door middel van de ceremonie van de *inwijding* en de eenvoud van de toepassing ervan door middel van het *opleggen van de handen.* De reiki-inwijding kan louter door een reiki-meester gegeven worden. Hij maakt daarbij gebruik van symbolen en mantra's, die door dr. Usui herontdekt zijn en van meester op meester doorgegeven worden.

Enkel het verlangen om een geneeskanaal voor zichzelf of voor anderen te zijn, volstaat om in een vibratie te komen die naar reiki leidt. Ieder die voor de inwijding in reiki komt, is innerlijk, minder of meer bewust, bereid en erop voorbereid reiki te ontvangen. Door zijn uitstraling is hij in contact gekomen met mensen en/of geschriften[1] die zijn bewustzijn voor reiki gevoelig hebben gemaakt.

De inwijding in reiki bevordert, versterkt en bezegelt onze directe, krachtige en geconcentreerde verbinding met de universele levenskracht. Door de inwijding worden we een kanaal, bemiddelaar en transformator van deze geestelijke geneeskracht, waardoor we ze op alle vlakken - geest, ziel en lichaam - kunnen ontvangen en gebruiken, en wel zo zoals het voor de recipiënt nodig is en door zijn uitstraling direct, eenduidig en ondubbelzinnig aan het universum kenbaar is gemaakt.

Traditioneel wordt reiki door inwijding in twee graden doorgegeven en geleerd.

De reiki-inwijding in de 1e graad

Met de inwijding door een reiki-meester in de 1e reiki-graad worden we door middel van vier op elkaar volgende afstemmingen weer volkomen met de universele levenskracht, het licht van het leven, in verbinding gebracht: door middel van de zuivering en activering van ons geneeskanaal. Dat gaat gepaard met een intensieve doorstroming met licht van ons fysieke lichaam en zijn energiestelsel. In ons lichaam vindt 21 dagen lang een grote zuivering plaats; als genezingsreactie kunnen daarbij oude pijnen en oud zeer weer opduiken en ons ertoe prikkelen onszelf veel reiki te geven. Maar ook blokkeringen en angsten kunnen in deze zuiveringsfase naar voren komen. Ze komen door reiki weer 'in het licht' en confronteren ons hernieuwd met ons gedrag en onze levenswijze.

Met de 1e reiki-graad staan we als reiki-ingewijde via ons geactiveerde geneeskanaal reeds sterk in contact met de universele levenskracht en stroomt reiki krachtig door onze ingewijde handen.

Overal waar een reiki-kanaal, zoals een reiki-ingewijde vaak genoemd wordt, zijn handen oplegt, stroomt er uit zichzelf reiki, en wel zo zoals de recipiënt het nodig heeft en door zijn vibraties aantrekt.

Met de inwijding krijgt de reiki-leerling ook onderricht in de toepassing van reiki; hij leert onder meer hoe hij zijn handen zodanig bij zichzelf of anderen kan opleggen, dat reiki optimaal kan stromen en hij op natuurlijke, eenvoudige wijze vertrouwd raakt met het omgaan met deze kracht. De reiki-handposities zijn geen geheim en kunnen door iedereen, ook zonder reiki-inwijding, uitgevoerd worden. Dat mag evenwel nooit met reiki zelf verward worden en kan evenmin ter vervanging van de inwijding in reiki dienen. Door het laatste worden namelijk het geneeskanaal en het energieniveau van de ingewijde in een permanente lichtvibratie gebracht, die de genezende goddelijke energie op natuurlijke wijze op elk moment automatisch door zijn handen laat stromen, zonder dat hij zich ervoor hoeft in te spannen, zich iets dient voor te stellen of te activeren of innerlijke beelden en voorstellingen in stand hoeft te houden.

In de inwijding wordt ons als reiki-leerling geleerd dat we 'slechts' een kanaal voor reiki, voor de universele levenskracht zijn, die, afkomstig uit de hoogste goddelijke bron, door ons stroomt: voor onszelf of anderen. Daarbij bepalen niet wij met ons beperkte verstand hoe deze kracht zal uitwerken, maar laten dat over aan onze hogere leiding. Vol vertrouwen en in de wetenschap dat de kracht met precies de juiste intensiteit naar de gebieden stroomt waar ze nodig is, zijn we er uitsluitend het kanaal voor.

De reiki-inwijding in de 2e graad

Bij de, eveneens door een reiki-meester gegeven, inwijding in de 2e reiki-graad gaat het om afstemming, overgave en onderricht in de toepassing van de reiki-symbolen in de vorm zoals ze door dr. Usui ontdekt, onderwezen en doorgegeven zijn. Deze inwijding intensifieert onze verbinding met reiki en verhoogt de lichtvibraties in ons geneeskanaal en in al onze energielichamen. De uitstraling van een in de 2e graad ingewijde reiki-leerling wordt daardoor veel sterker en geconcentreerder in haar lichtvibratie. Op deze inwijding volgt eveneens een zuiveringsperiode van 21 dagen. Doordat al onze energielichamen sterk met licht worden doorstroomd, worden we diepgaand met onszelf geconfronteerd: met onze concepten van onszelf, onze verwachtingen en idealen, onze verstarde gedragspatronen, onze gekwetste gevoelens en negatieve leefgewoonten.

Door de verhoogde lichtvibratie in ons geneeskanaal en al onze energielichamen, alsmede door de toepassing van de symbolen, stroomt de reiki aanzienlijk geconcentreerder door het reiki-kanaal. Onze spirituele ontwikkeling en de verwezenlijking en toepassing van geestelijke inzichten en krachten in ons leven van alledag worden daardoor geïntensifieerd en versneld. Tegelijkertijd zijn we, door de inwijding in de 2e graad, in staat dank zij de verhoogde lichtvibratie in ons reiki-kanaal en door de toepassing van de symbolen, nieuwe dimensies van het goddelijk zijn voor onszelf te ontsluiten. We kunnen de universele levenskracht geconcentreerder richten naar elke door ons gewenste plaats en ons bewuster worden van onbewuste processen. We zijn in staat mentale genezingen en genezingen op afstand te verrichten. We weten het goddelijke in al zijn verschijningsvormen en manifestaties te herkennen en te begroeten. We kunnen reiki geleiden naar alles wat we willen - een situatie, ruimte, ontmoeting, ervaring, mens, steen, dier, plant, lichtwezen, engel, hoger zelf... Daarin schuilt een onuitputtelijke potentie, want onafhankelijk van waar we ons bevinden of wat we aan het doen zijn, kunnen we reiki uitzenden. We leggen daarbij - net zoals bij het rechtstreeks geven van reiki door handoplegging - niet vast wat de reiki bij de recipiënt dient te bewerkstelligen, maar stellen hem deze kracht eenvoudig ter beschikking, in het vertrouwen en de wetenschap dat de goddelijke wijsheid in de reiki en in de recipiënt zelf het beste weet waarvoor er reiki nodig is.

Met onze inwijdingen in reiki leggen we op natuurlijke wijze door het opleggen van onze handen en het concentreren van de universele levensenergie een basis voor ons kanaal-zijn. Wat zich vervolgens op dit fundament ontwikkelt, hangt volledig af van hoe we reiki toepassen. Daarvoor draagt iedere reiki-ingewijde zelf de verantwoordelijkheid. Evenzo is het aan hem of hij deze gave onbenut laat of tot rijpheid laat komen.

Noten:

1 : Zie daarvoor ook: Paula Horan, reiki-meester: *Die Reiki-Kraft*, en Bodo J. Baginski en Shalila Sharamon: *Reiki, Universelle Lebenskraft*.

REIKI EN EDELSTENEN

HET COMBINEREN VAN REIKI
MET EDELSTENEN

Edelstenen zijn levende, pulserende vibraties, ook al lijken ze ons star en levenloos. Hun vibraties hebben, naar gelang van hun verschijningsvorm en hun samenstelling, een grote kleurintensiteit en zijn zeer geconcentreerd en exact vastgelegd in structuren, patronen en vormen. Willen we de fijnstoffelijke lichtkrachten van edelstenen en kristallen activeren en naar ons toe geleiden, dan dienen we ze met licht en liefde te begroeten. Daardoor intensifiëren we hun lichtuitstraling. We kunnen dat op verschillende manieren doen, b.v. door rituelen, visualisaties en programmeringen. Een bijzonder krachtige, eenvoudige, natuurlijke en geconcentreerde activering van de lichtenergieën van edelstenen vindt plaats door reiki.

Onze ingewijde reiki-handen stralen zeer intens licht en liefde uit, ongeacht wat ze in deze bewustzijnstoestand aanraken. Wanneer we nu als reiki-kanaal een edelsteen in onze hand houden, voelt hij zich terstond liefdevol door ons aanvaard en met licht en liefde doorstroomd. Dank zij deze lichtactivering kan hij meteen zijn goddelijk schitteren en stralen ontplooien en een innige band met ons ontwikkelen.

Voor een edelsteen is het prachtig met reiki aangeraakt te worden. Zijn met licht doorstroomde, stralende kleurvibratie reikt erdoor tot ver in het universum, in de grote energiestroom van zijn kleurstraal. Hier wordt hij liefdevol door *zijn* lichtwezens ontvangen. Een edelsteen vindt zijn hoogste vervulling, wanneer hij een mens vindt en via diens lichtbewustzijn kan opstijgen en weer één met de geestelijke wereld kan worden. Groot is de vreugde over de hereniging in het licht, groot is ook de dankbaarheid jegens degene die door zijn lichtkanaal-zijn, door reiki, deze 'terugkeer naar huis' mogelijk heeft gemaakt. En oneindig liefdevol en heilzaam is de zegen die daardoor terugkomt naar de aarde en de gever en recipiënt van reiki.

Wanneer de lichtvibraties in ons reiki-kanaal, in onze energielichamen en in onze handen door de inwijding in de 2e graad extra verhoogd en geconcentreerd zijn, kunnen we door het toepassen van de symbolen de lichtkracht van een steen en daarmee de intensiteit van zijn schitteren en stralen, zijn werking dus, versterken. We ontvangen intuïtief een boodschap van de steen, treden in contact met zijn goddelijk wezen en versmelten ermee.

Doordat een edelsteen door de reiki-symbolen van een tweedegraadsingewijde begroet, geactiveerd en versterkt wordt, kan zijn vibratie in de grote energiestroom van zijn kleurstraal opstijgen en zo naar zijn hoogste lichtwezen opklimmen. Deze opnieuw gevonden eenheid maakt een geweldige lichtgolf vol vreugde, bezieling en schoonheid los, die door alle vlakken heen naar de aarde stroomt en overal zijn zegenrijke 'glans' achterlaat.

Reiki werkt aldus op eenvoudige en natuurlijke wijze zeer 'bezielend' en activerend op de steen in en stelt deze er daardoor toe in staat zich overeenkomstig zijn hoogste bestemming te ontplooien en door zijn sterk geactiveerd schitteren en stralen in zijn kleurstraal, waaruit hij geschapen werd, omhoog te stijgen.

Omgekeerd kunnen edelstenen en kristallen, in combinatie met reiki, de stroom van de universele levenskracht versterken, concentreren en differentiëren. De stenen geleiden een deel van de door ons stromende reiki naar het gebied waar ze opgelegd zijn en verspreiden op die plaats de zeer intense vibratie van hun schitterende kleur. Aldus maken ze het mogelijk dat de lichtwezens van deze kleurstraal de gecombineerde behandeling met reiki en edelstenen extra steun geven.

Of hij ze nu bewust waarneemt of niet, ieder mens reageert heel sterk op kleuren. We nemen kleuren niet alleen met onze ogen waar, maar ook via onze energiecentra, die onophoudelijk fijnstoffelijke vibraties opnemen en afgeven.

Deze energiecentra spelen bij de reiki-handposities een heel speciale, cruciale rol: de handen worden achtereenvolgens op alle energiecentra opgelegd.

Wanneer nu bij het geven van reiki op een of meer energiecentra edelstenen opgelegd worden, verdicht de omzetting van energie zich door de geconcentreerde energie (materie) en lichtstraling van de

edelstenen. Daardoor wordt er versterkt reiki 'aangetrokken' en opgenomen. De reiki en de geactiveerde fel schitterende kleurvibraties
van de edelstenen stromen dan samen en versterkt het energiecentrum binnen waarop de steen, onder reiki uitstralende handen, opgelegd is.

DE KEUZE VAN EDELSTENEN

Voordat we reiki in combinatie met edelstenen gaan geven, dienen we ons te wenden naar de wereld van de edelstenen en hun kleurstralen en lichtwezens, die door de voor ons liggende stenen en de van ons uitstralende reiki-vibratie aanwezig zijn.

Begroeting: We beginnen met de edelstenen met hun schoonheid en schitterende uitstraling te begroeten en zijn ons er een ogenblik bewust van dat ze een stuk eeuwigheid, gemanifesteerde, levende, sprankelende geest zijn. We waarderen daarmee hun goddelijk wezen, tonen onze dankbaarheid dat ze er voor ons zijn en bedanken ze voor hun overgave en bereidheid om ons te helpen.

Keuze: Er zijn talloze manieren om edelstenen voor een behandeling van onszelf met reiki uit te kiezen. Hier zijn enkele suggesties: We kiezen intuïtief een edelsteen uit en vragen onze innerlijke leiding waar we hem op zouden moeten leggen. We kunnen de steen ook op een energiecentrum opleggen dat de kleur van deze bepaalde steen dringend nodig heeft. Daarbij straalt de lichtvibratie van de edelsteen bij het geven van reiki vanaf de plaats waar de steen opgelegd is intens uit en stroomt van daaruit met de licht- en liefdesstroom van reiki zacht naar alle gebieden die reiki nodig hebben en aantrekken.

Een bepaalde vorm

We kunnen voorts een edelsteen kiezen met een bijzondere vorm, bij voorbeeld een kogel, een ei, een piramide, een obelisk of een gefacetteerde, planconvexe (platbolle) of uitgekristalliseerde edelsteen. De lichtenergie van de edelsteen wordt gedurende de totale (zelf) - behandeling met reiki naar het hogere gebied van een van onze energielichamen geleid.

Gelijke vorm en verschillende steensoorten

We kunnen enkele edelstenen kiezen die van verschillende steensoort zijn maar dezelfde vorm hebben, bij voorbeeld drie piramiden:

een van bergkristal, een van citrien en een van amethist. Bij het geven van reiki leggen we ze op drie verschillende energiecentra op. Aldus wordt de piramide-energie in drie verschillende aspecten geactiveerd. In dit geval zou het gaan om de *manifestatie* van wijsheid (bergkristal), moed en zelfvertrouwen (citrien) en intuïtie en spiritualiteit (amethist). Dat wordt vervolgens nog eens gedifferentieerd door de respectieve energiecentra waarop de piramiden liggen.

Eén steensoort in verschillende vormen

We kunnen ook meer dan één edelsteen van dezelfde soort in verschillende vormen uitkiezen, zoals een ei, een kogel, een piramide en een obelisk van rozekwarts. Bij het geven van reiki kunnen we dan bij voorbeeld het ei op het eerste energiecentrum, de kogel op het derde en de piramide op het zesde leggen en de obelisk achter het hoofd op het zevende of tussen de voeten (voetcentra). De kwaliteit van rozekwarts (bloeien in onvoorwaardelijke liefde, zachte kracht die weerstanden en blokkeringen wegsmelt) stroomt zo via de bijzondere vormen van het edelgesteente met een hoge, heldere, rozekleurige vibratie onze energielichamen binnen en naar de lichaams/kliergebieden die met de respectieve energiecentra in wisselwerking staan.

Negen stenen van verschillende kleur

We kunnen verder negen edelstenen van verschillende kleur kiezen. We leggen ze overeenkomstig hun kleur op de zeven primaire en de twee belangrijkste secundaire centra op. Bij voorbeeld: een zwartwitte edelsteen (sneeuwvlokobsidiaan of toermalijnkwarts) tussen de voeten voor de activering van de voetcentra, een rode steen (jaspis, hematiet, granaat of robijn) op het eerste energiecentrum, een oranjekleurige steen (carneool) op het tweede, een gele steen (tijgeroog, barnsteen, pyriet, citrien, edeltopaas of rutielkwarts) op het derde, een groene en een rozekleurige steen (chrysoliet, malachiet, mosagaat, jade, chrysopraas, chrysoberil, olivien, calciet, smaragd of toermalijn; rhodoniet, mangaanspaat, rozekwarts of kunziet) op het vierde, een lichtblauwe steen (turkoois, chalcedoon, blauwe edeltopaas of aquamarijn) op het vijfde, een donkerblauwe steen (valkeoog, sodaliet, azuriet, lapis lazuli of saffier) op het zesde, een violette steen (sugiliet of amethist) op het zevende en een bergkristal in beide handen (handcentra).

Aldus ontvangt ieder energiecentrum via de opgelegde edelsteen zijn corresponderende kleurenergie ter stimulering en ondersteuning van zijn hoofdfunctie. Het resultaat is een optimale en volledige activering, zuivering, oplading en harmonisering van de energiecentra en ons totale energiesysteem. Deze activering mag slechts één keer per week plaatsvinden.

Zeven edelstenen van hetzelfde gesteente

We kiezen zeven edelstenen van dezelfde soort uit en leggen ze voor de reiki-behandeling op de zeven primaire energiecentra op, bij voorbeeld zeven granaten of zeven carneolen of zeven barnstenen of zeven citrienen enz.

Door een dergelijk legpatroon van stenen wordt in elk energiecentrum een heel specifiek aspect geactiveerd. Dat aspect komt op alle niveaus van ons zijn in dezelfde mate tot uitdrukking. Zo activeren *granaten* met hun gloeiende rood opgewekte energie en verlenen het lichaam vitaliteit. *Carneolen* brengen ons met hun zacht glanzende, oranjekleurige licht aan het 'stromen', doorstromen ons met warmte en verhogen ons levensgevoel. *Barnstenen* helpen ons succesvol in ons leven te zijn. De gele *citrienen* moedigen ons ertoe aan intuïtief begrepen waarheden in het leven van alledag toe te passen en wijsheid te tonen. *Olivienen* schenken ons met hun groen hartelijkheid en goedheid. Door de naar appelgroen schemerende *chrysoprazen* kunnen we op natuurlijke wijze omgaan met de transformatieprocessen in het leven, met het worden en vergaan. *Smaragden,* met hun intens groene glans, brengen ons alliefde en verantwoordelijkheidsgevoel voor onszelf, al het geschapene, de aarde en het universum. Groenrozekleurige *toermalijnstaven* stellen ons in staat 'door te breken' naar onvoorwaardelijke liefde. De lichtblauw schemerende *aquamarijnen* bevrijden ons uit emotionele verstrikkingen en zijn balsem voor onze ziel. De donkerblauwe *lapissen lazuli,* dikwijls dooraderd met goudachtig pyriet, versterken de grote geloofskracht van onze ziel en schenken ons innerlijke vrede. De violetkleurige *sugelieten* helpen ons de macht van ons denken en voelen beter te begrijpen en zinnig in goddelijke harmonie aan te wenden. *Amethisten* transformeren onze driften tot een drang naar spirituele ontwikkeling en verheffen onze verlangens tot in het goddelijke. *Bergkristallen* ten slotte brengen ons naar het levenslicht en zuiveren, verhelderen en ordenen onze fijnstoffelijke energieën.

Het bovenstaande ligt ten grondslag aan de keuze van edelstenen zoals die in dit boek gehanteerd wordt. De leidraad voor het werken met zeven edelstenen werd mij pas uit de geestelijke wereld 'aangereikt', toen ik reiki-meester werd en er zich geheel nieuwe dimensies van het lichtuniversum voor mij openden. Het is een prachtige belevenis op deze wijze totaal door de schitterende kleur van een edelsteen doorstroomd te worden en daardoor buitengewoon intense ervaringen op te doen.

Ik wil er nochtans nog een keer op wijzen: voordat we een edelsteen kiezen, dienen we om goddelijke leiding te verzoeken. We zullen dan heel spontaan impulsen, ingevingen en aanwijzingen krijgen, die we in alle eenvoud behoren te volgen.

Ook wanneer we bij voorbeeld van te voren bepalen met welke edelstenen we graag willen werken, dienen we ons verder intuïtief te laten leiden wat de steensoort(en) en vorm(en) betreft die ons bij de reiki-behandeling zouden willen begeleiden.

Door naar onze hogere innerlijke leiding te luisteren, kunnen we het beste op de actuele levenssituatie en de persoonlijke behoeften van de recipiënt van reiki reageren en onze afstemming door de gekozen edelstenen nog versterken. Voor iedereen die edelstenen uitkiest, is het een zeer goede oefening om in het volste vertrouwen op de eigen intuïtie af te gaan.

DE VERSCHILLENDE EIGENSCHAPPEN VAN EDELSTENEN

De intensiteit en helderheid van de kleur van een edelsteen, zijn tekeningen en patroon, zijn grootte, zijn slijpsel en zijn vorm zijn van grote invloed op zijn werking. De fijnstoffelijke vibraties en aard van een steen corresponderen exact met zijn uiterlijke, zichtbare manifestatie.

De kleur

Alle kleuren en de vele mogelijke nuances van een kleur zijn aanwezig in de vibraties van onze energiecentra, aura en energielichamen. Een edelsteen stimuleert precies die kleurnuance in ons die we aan hem kunnen zien. We dienen er daarom op te letten dat we geen edelstenen met matte, troebele of vieze kleuren uitkiezen, maar alleen stenen met heldere, zuivere, intense kleuren. Zo zijn we er zeker van dat ook in ons de kleurvibraties met sterk zuiverende, verhelderende, opladende krachten geactiveerd worden.

Opake, d.w.z. ondoorschijnende edelstenen, waarvan de kleuren dus geen licht door laten, brengen de energie in ons in vibraties die op de aardse, belichaamde, grofstoffelijke, dichte materie afgestemd zijn. Zwart-witte *sneeuwvlokobsidianen* brengen ons bij voorbeeld in verbinding met Moeder Aarde en laten ons haar schoonheid, die uit de liefdevolle vereniging met de Hemelse Vader ontstaat, herkennen en met vreugde beleven. *Rode jaspissen* harmoniëren zieke, schadelijke vibraties van de baarmoeder en eierstokken en zijn een 'verloskundige'. Geel-bruin gestreepte *tijgerogen* versterken ons logisch-analytisch denken. Door groene *malachieten* leren we verantwoordelijkheid voor onszelf te dragen en niet langer anderen de 'schuld' te geven van wat ons overkomt. Roze-zwarte *rhodonieten* brengen ons liefdevol in contact met onze schaduwzijden en helpen ons deze te aanvaarden en in ons zelfbeeld te integreren. Lichtblauwe *chalcedonen* bevorderen onze verbale expressie. Door donkerblauwe *lapissen lazuli* kunnen we ons bewust worden van onze hoogste idealen, onze geestelijke doelen, onze verbondenheid met onze lichthelpers, maar ook van ons te hoog gesteld zelfconcept, waarna we ze in een doelmatiger vorm kunnen gieten. Dank zij de violette *sugelieten* gaan we inzien dat de geest de materie vorm geeft en leren we onze voorstellingskracht toe te passen.

Licht doorlatende, doorzichtige, doorschijnende edelstenen brengen ons in verlichtende vibraties, die onze energieën van negativiteit bevrijden en onze lichtuitstraling verhogen.

Toermalijnkristallen, met zwarte toermalijnnaalden in helder bergkristal, verlossen ons uit onze zielenood en bevrijden ons van afhankelijkheid met betrekking tot relaties en aardse, materiële goederen. *Robijnen* verenigen rood en blauw, stof en geest, lichaam en ziel, seksualiteit en spiritualiteit, werkkracht en geloofskracht, intuïtie en intellect. Gloeiend oranje *vuuropalen* wekken de geestdrift van ons hart op en spreken ons gemoed aan. *Rutielkristallen*, met gouden rutielnaalden in helder bergkristal, verzachten en genezen pijn die het gevolg is van innerlijke verscheurdheid of grote spanning. Groene *smaragden* sterken ons in onze alliefde en openen ons bewustzijn voor liefde. Rozekleurige *kunzieten* leiden ons naar de hoogste spirituele liefde; hart en verstand smelten samen, waardoor we uit het of-of verlost worden. Lichtblauwe *edeltopazen* houden op zeer zachte wijze 'grote schoonmaak' in onze verharde, verstarde, achterhaalde gedrags- en denkpatronen. Door donkerblauwe *saffieren* ontwaakt de grote geloofskracht van onze ziel en beseffen we dat we in ons kosmisch geboorteland geborgenheid vinden. Violette *amethisten* versterken onze intuïtie en geven ons leiding op het pad naar verlichting.

Zuivere bergkristallen zuiveren en ordenen onze energieën, geven ons een duidelijke voorstelling van onze doelen, openbaren ons wijsheid en verenigen ons met het licht in alles.

Dank zij, tot briljanten geslepen, *diamanten* zijn we ons volkomen van het licht en de liefde bewust in alle aspecten van ons bestaan.

Tekeningen en patronen

De tekeningen, patronen, structuren en insluitsels van edelstenen zijn net zo verscheiden, individueel en uniek als de mens. Door ons erop af te stemmen vinden we een toegangsweg naar onze innerlijke psychische beelden; we beleven gevoelens en ervaringen die we in ons hebben en die weer in het licht, d.i. ons bewustzijn, willen komen. Dat proces is zo specifiek, dat er geen algemene leidraad gegeven kan worden voor welke tekeningen van een steen tot welke belevenissen bij iemand in het bijzonder leiden. De invloed ervan speelt zich op zeer diep liggende psychische niveaus af.

De grootte

De grootte van een steen zegt op zichzelf nog niet zoveel over zijn werking. Het hangt in hoge mate af van de intensiteit en zuiverheid van zijn kleur(en) en of de steen geslepen of ongeslepen, volkomen heel of beschadigd, melkachtig of helder is.

Een *kleine edelsteen*, vooral als hij doorschijnend, gefacetteerd en geslepen is, fungeert als een brandpunt en centreert onze energie en richt ze op het wezenlijke.

Een *grote edelsteen* stimuleert ons ertoe gevoelens van minderwaardigheid, benauwdheid en nietigheid te overwinnen en ja te zeggen tegen het grote en uitgestrekte en expansie.

Zijn twee edelstenen van verschillende grootte qua vorm, slijpsel en kwaliteit nagenoeg identiek, dan is de uitstraling van de grotere van de twee evenwel het sterkst. Wel is het van het grootste belang dat degene die de steen draagt of degene die de steen bij een reiki-behandeling opgelegd krijgt, in harmonie met de grootte van de steen verkeert; dat wil zeggen, de van de grootte en uitstraling van de steen uitgaande vibratie moet in hem resoneren.

Slijpsel en vorm

Via *ongeslepen edelstenen* komen we in contact met de oerkrachten in onszelf, onze omgeving en de geestelijke wereld. Van speciaal belang zijn in dit verband bergkristallen en alle gekristalliseerde stukken van een steensoort. Mangaanspaat is bij voorbeeld dikwijls opaak roze met witte lijnen, maar er komen ook geheel kristallijne, doorschijnende, diep roze stukken van voor. Azuriet, een eerder poreus mineraal, dikwijls met malachiet en chrysokol verbonden, kristalliseert in kogelvormig samengegroeide, donkerblauwe naalden. Amethist komt in alle schakeringen van violet voor, van geheel opaak via doorschijnend tot geheel licht doorlatend; het laatste geldt ook voor citrien, topaas, toermalijn, rozekwarts, olivien, dioptaas, smaragd, aquamarijn, saffier, robijn en diamant. De licht doorlatende kristallisaties in schitterende zuivere kleuren dragen de *essentie* van de vibratie van een edelsteen in zich; ze zijn de hoogste lichtmanifestatie en uitstraling waar dit edelgesteente toe kan komen. Ze verbinden ons met oerkrachten van het licht in de grote kleurstralen van het universum, die vanaf het allereerste begin de schitterende kleuren uit de eenheid van het zuivere licht lieten ontstaan. De erin besloten zittende krachten vallen ons zo op volmaaktste wijze ten deel.

Door hun veredeling is de energie van *geslepen edelstenen* verhoogd. Oneffenheden, inkepingen, beschadigingen enz. zijn weggeslepen. De schoonheid en schittering van een steen winnen daardoor aan kracht en soms komen ze zelfs pas voor het eerst tot hun recht. Geslepen edelstenen activeren geheel analoge processen.

De vorm waarin een steen geslepen wordt, is in hoge mate bepalend voor het gebied van zijn werking. Terwijl de kleuren op onze energiecentra inwerken en ons zuiveren, opladen en doorstromen, richt de vorm de energie van de steen sterker naar ofwel het lichamelijk ofwel het psychisch ofwel het geestelijk vlak.

In de eerste plaats zijn er edelstenen die in een *trommel geslepen* zijn. Brokken gesteente worden samen met een slijpmiddel en water in een trommel gedaan; doordat de trommel draait slijpen de stenen elkaar. Via deze stenen komen we in contact met krachten en mensen die 'wrijvingsprocessen' in ons op gang brengen, of anders gezegd, die ons een spiegel voorhouden waarin we datgene zien wat we van onszelf niet (willen) zien.

Platbol geslepen edelstenen, een vorm van *cabochon*, hebben één gewelfde of bolle zijde, als het ware een 'berg' op een vlakke basis. Ze worden in rechthoekige, ovale, druppel-, ronde en fantasievormen geslepen. Door de vlakke basis blijven we in nauwe verbinding met de aarde, terwijl de welving voor een zachte, vrouwelijke energie zorgt. De werkzaamheid van de afzonderlijke vormen komt overeen met die van met facetten geslepen edelstenen, maar is in principe veel zachter en langduriger.

Door *slijping met facetten* worden de optische eigenschappen van doorzichtige edelstenen naar voren gehaald en benadrukt. De stenen worden symmetrisch met talloze kleine, gladde, exacte vlakken, de facetten, geslepen. In dit opzicht zijn een groot aantal methoden te onderscheiden. Zeer bekend is het tot briljant slijpen, of briljanteren, zoals dat met diamanten en ook andere doorzichtige edelstenen wordt gedaan. De vele facetten worden zo aangebracht, dat het in de steen vallende licht door veelvuldige weerkaatsing in de steen zelf versterkt en daardoor feller wordt. Daardoor wordt het glanzen en het fonkelen en schitteren van de kleur verhoogd en ontstaat er een sterk kleurenspel, het 'vuur' van de edelsteen. Deze slijpvorm ontsteekt ons innerlijk vuur, de bezielde liefde, een kracht die ons ten zeerste uitdaagt en ons alles geeft wat we voor de ontwikkeling van het licht in ons nodig hebben.

Gefacetteerde edelstenen zijn als brandpunten, die de met licht doorstroomde kleurenergie van hun steen zeer sterk uit de grote kleurstralen van het universum aantrekken, concentreren en naar ons energiestelsel geleiden. De vorm van het oppervlak bepaalt daarbij langs welke kanalen deze intens vibrerende lichtenergie stroomt:

Rechthoekige, vierkantige vormen zijn bouwstenen voor de aarde; ze bevorderen de energieprocessen op niveaus die met onze omgang met het bestaan samenhangen, materialiseren geestelijke vibraties en laten onze ideeën, ingevingen en intuïties tot zichtbare werkelijkheid worden.

Ovale vormen dragen bij aan ons lichamelijk welzijn, de bescherming en genezing van ons lichaam en de bevrediging van onze lichamelijke behoeften.

Druppelvormige stenen verenigen het afgeronde, ontvankelijke, hartstochtelijke, ondersteunende vrouwelijke met het doelgerichte, naar het hoogste strevende mannelijke en activeren sterke psychische krachten; daarnaast helpen ze ons onze emoties te beheersen.

Ronde vormen versterken de intuïtieve en geïnspireerde krachten van onze geest, ons voorstellingsvermogen en onze rijkdom aan ideeën en vervolmaken ons.

Eivormige stenen activeren creatief-scheppende processen; ze luiden een nieuw begin in, laten nieuw leven ontstaan en maken nieuwe ervaringen mogelijk.

Driehoekige vormen openen ons voor het waarnemen en bewust gebruiken van geestelijke krachten.

Piramiden verenigen vier driehoeken op een vierkante basis, die op manifestatie en het stoffelijke gerichte energieën activeert. Aldus wordt geest met stof verenigd. De totale energie wordt naar eenheid, het hoogste gekanaliseerd, naar de punt, waar de energieën van de vier driehoeken bij elkaar komen. Dat helpt ons de uitdagingen van de materie met geestelijke kracht te overwinnen en ons leven op aarde in dienst te stellen van ons streven naar eenwording in het licht.

Obelisken stabiliseren de energie van piramiden; ze maken ons standvastig in ons geloof en geven ons onwankelbaar vertrouwen, waardoor we een tot op grote afstand zichtbare lichtuitstraling krijgen, ongeveer zoals een vuurtoren.

Kogelvormige stenen ronden ons en ons wereldbeeld af; ze confronteren ons met macht en gezag en bevrijden ons van sterke tegenstand; ze brengen ons naar ons innerlijk midden en sporen ons ertoe aan verantwoordelijkheid voor onszelf, de aarde en het universum te dragen; kortom, ze vervolmaken ons.

Door iedere edelsteen die in een van deze bijzondere vormen geslepen is, door ieder bergkristal en door ieder vol licht uitgekristalliseerde edelsteen zijn we verbonden met lichtwezens, die zich aan mij als engelen openbaren. Dank zij hun oneindige liefde voor ons mensen kunnen ze hun weg naar ons vinden, wanneer we de lichtkrachten van de steen met liefde bejegenen en tot ontplooiing laten komen. Ze zijn altijd bereid ons bij te staan in ons streven om ons bewustzijn en verlangen naar liefde in het licht te verheffen; altijd zijn ze bereid ons in ons 'slijpproces' te begeleiden en ons te helpen ons lichtbewustzijn zichtbaar en merkbaar op aarde te laten worden.

Het zuiveren en activeren

Voor en na elke reiki-behandeling met edelstenen maak ik de gekozen stenen met de hand en spiritueel schoon. Daartoe houd ik ze korte tijd in stromend koud water, ondertussen visualiserend hoe al het negatieve, duistere eraf gespoeld wordt.

Daarna droog ik ze met een schone katoenen doek af en houd ze in mijn reiki-handen. Door de automatisch door onze reiki-handen stromende, geconcentreerde lichtenergie en onze liefde uit goddelijke, universele bron worden de lichtvibraties van de stenen geactiveerd. Op deze wijze wordt de uitstraling van de edelstenen niet alleen gezuiverd, maar krijgt ze ook de geneeskrachtige, harmoniserende vibratie van reiki.

De verborgen, fijnstoffelijke lichtkrachten van edelstenen manifesteren zich alleen dan, als ze met licht en liefde aangeraakt worden. Reiki-handen doen dat vanzelf, op heel eenvoudige en natuurlijke wijze.

Gedurende de reiki-behandeling worden de edelstenen sterk met reiki geladen. Deze reiki-energie stralen ze nog lang na de behandeling en het schoonmaken uit in hun omgeving of naar de mensen die ze bij zich dragen. We kunnen daarom de stenen die we in een reiki-behandeling hebben gebruikt, het beste in de kamer laten liggen; daar zorgen ze voor een weldadige, zuivere, vreedzame atmosfeer. Hebben we onszelf met gebruikmaking van edelstenen met reiki behandeld, dan kunnen we er een van uitkiezen en die overdag of ook langere tijd bij ons dragen. Hij zal ons met zijn licht terzijde staan. Reiki heeft zijn werking verhoogd.

Het opleggen en optimaal afstemmen op de energiecentra

Zoals hun naam al aangeeft, zijn onze energiecentra buitengewoon ontvankelijk voor fijnstoffelijke lichtenergieën. Ze zijn de bruggen via welke al onze lichamen, van het fysieke tot en met het kosmische, met elkaar in verbinding staan en voortdurend onderling energie uitwisselen. Elk energiecentrum heeft daarbij een specifieke taak en functie, en toch is in elk energiecentrum alle informatie aanwezig en beschikbaar.

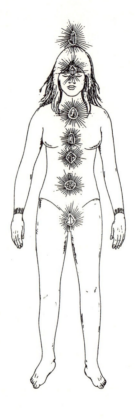

Het opleggen en optimaal afstemmen van edelstenen op de energiecentra.

Als we een edelsteen op een van de energiecentra leggen, dan stroomt zijn geactiveerde lichtenergie dat centrum binnen en vermengt zich met de energiestroom ervan. Naar gelang van kleur, vorm, grootte, tekening en patroon van de steen vertoont de werking zekere nuances. Hieronder geef ik aan waar de edelstenen voor elk centrum opgelegd dienen te worden:

- 1e energiecentrum (basiscentrum): onderste gedeelte van de schaamstreek;
- 2e energiecentrum (heiligbeencentrum): onderbuik, net onder de navel;
- 3e energiecentrum (zonnevlechtcentrum): iets boven de navel;
- 4e energiecentrum (hartcentrum): in het midden van de borst;
- 5e energiecentrum (keelcentrum): halskuiltje;
- 6e energiecentrum (voorhoofdscentrum): boven de neuswortel, tussen de wenkbrauwen;
- 7e energiecentrum (kruin- of krooncentrum): achter op het hoofd.
- Voetcentra: tussen de voeten;
- Handcentra: op de naar boven geopende handen of onder de naar de grond gekeerde handpalmen.

Na de edelstenen zoals boven beschreven schoongemaakt en geactiveerd te hebben, leggen we ze op, waarbij we er op dienen te letten of ze optimaal afgestemd zijn. Iedere edelsteen, of hij nu ongeslepen of in een trommel, met facetten of tot cabochon geslepen is, geeft ons door vorm, tekening, patroon, groeistructuren of insluitsels aanwijzingen over hoe zijn energie stroomt. Meestal vinden we wel een punt, driehoekje, berg of misschien maar een nauwelijks te voelen verhoging, in welke richting zijn energie is geneigd te stromen. Dat is dan het gedeelte dat in de richting van het hoofd dient te wijzen. Bij bergkristallen en soortgelijke stenen is het doorgaans heel duidelijk.

Bij het opleggen van piramiden zijn er twee mogelijkheden voor het optimaal richten ervan:

Een van de hoeken wijst naar het hoofd: de energie stroomt van de geest naar de stof; lichtenergie steunt ons in onze aardse aangelegenheden.

Een van de vlakken is naar het hoofd gericht: de energie verheft zich van de stof naar de geest; we openen ons voor spirituele, geestelijke en intuïtieve inzichten en lessen.

Obelisken behoren niet te liggen, maar recht op te staan. Aangezien dat alleen in het gebied van de voetcentra of bij het kruincentrum mogelijk is, zetten we bij de andere energiecentra de obelisk in de 'aura' naast het lichaam binnen het bereik van het energiecentrum in kwestie. Hetzelfde kunnen we met grote of zware edelstenen doen, of met kogel- en eivormige stenen, die immers weg rollen.

Wanneer na het opleggen van de edelstenen of door de reiki-behandeling zelf een of meer stenen verschuiven, laten we dat zo en leggen we ze niet op hun oorspronkelijke plaats terug. Subtiele bewegingen van het lichaam zorgen er in deze gevallen kennelijk voor dat de edelsteen in een voor de actuele situatie van de recipiënt nog betere positie komt te liggen.

Tijdens het opleggen en richten van edelstenen dienen we al onze aandacht erbij te houden, want met elke edelsteen houden we geconcentreerde lichtenergie in onze handen, waarmee het stromen en opnemen van reiki en de werking ervan zeer sterk geactiveerd worden.

DE REIKI-HANDPOSITIES

Bij onze inwijding in reiki leren we basisposities voor het opleggen van onze handen, die we bij acute pijn en ziekte intuïtief kunnen uitbreiden en aanvullen. In iedere positie blijven onze handen tussen de twee en vijf minuten liggen. Het kan voorkomen dat onze handen bij het geven van reiki bijzonder warm of bij uitzondering ook wel ijskoud worden of tintelen. Verder voelen we mogelijk de energie door onze handen stromen of merken dat ons lichaam zeer warm doorstroomd wordt. We kunnen daardoor deelnemen aan het stromen van de reiki en ondergaan zo ook bij het geven op heel natuurlijke wijze zelf een behandeling. Maar zelfs als we er niets van merken, dan betekent dat nog niet dat er geen reiki stroomt. Alleen nemen we er dan, om welke reden ook, niets bewust van waar. De ervaringen van vele reiki-beoefenaren bevestigen dat.

Buiten dat richt de reiki zich altijd naar de behoefte van de recipiënt en *niet* naar wat *wij* hem willen geven!

Onze handen behoren zonder druk te rusten, licht gewelfd en derhalve aangepast aan de lichaamsvorm. De vingers liggen op natuurlijke wijze gesloten naast elkaar, zodat een geconcentreerde energiestroom gewaarborgd is. Voor en na het geven van reiki wassen we onze handen in stromend koud water. Sieraden waarmee we bij het geven niet doelbewust in verbinding willen staan, dienen we af te doen, ook ons horloge. Hetzelfde geldt voor de recipiënt van reiki. Alle sieraden die bij de reiki-behandeling gedragen worden, zowel door de gever als door de recipiënt, gaan door de reiki vibreren en uitstralen en oefenen zodoende invloed uit.

Ingeval op ieder energiecentrum een edelsteen opgelegd wordt, mag de recipiënt beslist geen halssieraden dragen. In de meeste gevallen wordt door de combinatie met de opgelegde stenen de energie te sterk geactiveerd. Ook bij edelsteentherapie komt het op de 'juiste maat' aan. Te veel edelstenen bij de reiki-behandeling kan tot over-activering leiden, waarop de recipiënt mogelijk reageert met 'dichtklappen' of zelfs vermoeidheid, zo niet uitputting.

Reiki-behandeling van een ander

Geven we iemand anders reiki, dan kan dat liggend of zittend gebeuren. Als hij zit geven we hem een 'spoedbehandeling' met reiki van ongeveer tien tot twintig minuten; ligt hij, dan geven we een volledige reiki-behandeling van één tot anderhalf uur. In aansluiting op de reiki-behandeling van een liggende recipiënt kunnen we nog zijn chakra's in evenwicht brengen (zie verderop).

Reiki-behandeling in lighouding

Dit is de reiki-behandeling met de intensiefste uitwerking. Ze duurt één tot anderhalf uur en behelst een behandeling van het hoofd en de voor- en achterkant van het lichaam. Indien mogelijk zou ze aan het begin van een reeks reiki-behandelingen vier keer achter elkaar gedaan moeten worden op vier opeenvolgende dagen, aangezien dit dagelijks doorstromen van alle energiestelsels voor een grote schoonmaak op alle niveaus zorgt, veel in beweging brengt en ons daarbij sterk en krachtig ondersteunt. Maar let op. Het lichaam kan giftige en neergeslagen afvalstoffen uitscheiden en pijn en chronisch aandoeningen kunnen weer acuut worden, om zodoende door reiki een liefdevolle behandeling te krijgen. Zulke reacties confronteren ons opnieuw met de oorzaken van onze aandoeningen. Gevoelens worden ertoe geprikkeld zich duidelijker te uiten. De emotionele reacties bieden ons de mogelijkheid om tot verdiept inzicht te komen, tot vergeven en vergeten van datgene wat ons door pijnlijke ervaringen gekwetst heeft. We worden ons bewuster van de ons verstrikt houdende, beperkende, blokkerende energie van denk- en gedragspatronen en concepten van onszelf, die nu in het verlossende licht van reiki komen. Na deze eerste behandeling van vier dagen volgen eentot tweemaal per week verdere behandelingen, bij voorbeeld als extra maatregel bij een acute of chronische ziekte, een ernstige levenscrisis, een periode met veel stress of een zware beproeving.

Voordat we met iemand aan een reiki-sessie beginnen, moeten we een passende vergoeding voor het geven van de energie afspreken.

Dat kan een betaling met geld of in een andere vorm inhouden. Dit is belangrijk, want zo wordt vermeden dat de gever dan wel de recipiënt schuldgevoelens krijgt en/of valse verwachtingen koestert. We mogen beslist geen 'genezing beloven', want de kracht waarvoor we als reiki-ingewijde een kanaal zijn, is afkomstig uit goddelijke bron en draagt in zich alle kennis over hoe de genezingsweg van de recipiënt eruitziet, welke ervaringen hij met zijn lijden nog moet opdoen en waarvoor hij die nog nodig heeft wanneer hij ervan verlost is. Wij begeleiden dit proces van zelfervaring, inzicht en genezing slechts met reiki en de lichtkrachten van de edelstenen. We geven zo als overbrenger van het goddelijke licht de hulp en steun die de recipiënt nu nodig heeft, die hij zelf gezocht en die hem bij ons gebracht heeft.

We zorgen ervoor dat we reiki in een rustige, ontspannen, vreedzame atmosfeer geven. Zachte meditatieve muziek en een prettige geur (b.v. van wierook) kunnen dat bevorderen. Degene die van ons reiki ontvangt, zou zich in liefde geaccepteerd moeten voelen. Als hij gaat liggen, moeten we erop letten dat hij zijn schoenen uitdoet en zijn horloge afdoet, eventueel ook halssieraden, knellende kledingstukken, zijn riem enz. Verder mag hij zijn benen niet kruisen en dienen zijn armen naast zijn lichaam te liggen. Dan sluit hij zijn ogen. We leggen een wollen deken over hem heen naar gelang van zijn wensen.

Alvorens met het geven van reiki te beginnen, wassen we onze handen in stromend koud water. We zuiveren ze zo van alles wat ze daarvoor aangeraakt en gedaan hebben en maken ons los uit wat ons nog bezighoudt, kortom, we wassen onze handen in 'onschuld'. We staan los van datgene wat er gebeurt, wat er door de reiki geactiveerd wordt, wat de recipiënt ervaart. We zijn louter een kanaal dat reiki overbrengt.

Wanneer we tijdens de reiki-behandeling edelstenen gebruiken en ze op energiecentra opleggen, worden de lichtkrachten van de stenen zeer sterk geactiveerd en door de recipiënt opgenomen via de reiki, die zoals gezegd dus ongeveer één tot anderhalf uur stroomt. We vragen onze innerlijke leiding welke edelstenen we het beste kunnen opleggen en kiezen ze dan intuïtief uit. We wassen ze en begroeten ze met onze reiki-handen. Dan leggen we ze op het lichaam van de recipiënt op. Langs de energiecentra wordt de energie van de stenen het

De hoofdposities

1e. hoofdpositie

2e. hoofdpositie

3e. hoofdpositie

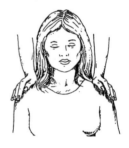

4e. hoofdpositie

5e. hoofdpositie

sterkst opgenomen en we kunnen ze daarom het beste daar opleggen. We letten er daarbij op dat ze optimaal gericht komen te liggen.

Gedurende deze handelingen, en ook onder het geven van reiki, dienen we ons aan de linkerzijde van de recipiënt te bevinden, aangezien de linkerlichaamszijde de ontvangende kant is en bijgevolg het gemakkelijkst reiki opneemt.

We beginnen met een kort moment van bezinning. We visualiseren dat we een reiki-kanaal, een overbrenger van de kracht van liefde en licht uit goddelijke bron zijn en dat geconcentreerde lichtmanifestaties uit deze bron - de opgelegde edelstenen - ons begeleiden en bijstaan.

Ter bescherming en activering strijken we driemaal met een van onze handen over de 'aura' van de recipiënt: we beginnen aan zijn linkerkant, waar we staan, gaan verder naar zijn hoofd, dan om zijn hoofd heen en langs zijn rechterzijde naar beneden naar zijn voeten, en vandaar weer omhoog langs zijn linkerzijde.

De hoofdposities

We beginnen de reiki-behandeling met de reiki-hoofdposities (zie de illustraties). We gaan daarvoor aan het hoofdeinde staan.

1e Hoofdpositie

We leggen onze handen lichtjes, d.w.z. zonder druk, op het gezicht, over het voorhoofd, de ogen en de wangen. Er stroomt reiki het 6e energiecentrum binnen. Op lichamelijk niveau stroomt de reiki naar de ogen en de voorhoofds-, kaak-, neus- en bijholten. Op fijnstoffelijk vlak wordt het derde oog geactiveerd. Het derde oog heeft te maken met zaken als het herkennen van de samenhangen tussen geest en materie, het innerlijke, intuïtieve schouwen, helderziendheid, imaginatie, intuïtie, voorstellingsvermogen, de grote geloofskracht van de ziel met haar vertrouwen in goddelijke leiding, alsook met de bewustwording van en confrontatie met verstarde denkpatronen, achterhaalde zelfconcepten, verwachtingen en doeleinden, met dominantie, het ego, eigenzinnigheid, de wil, de goddelijke wil, onmacht en macht.

2e Hoofdpositie

We leggen vervolgens onze handen lichtjes langs de slapen tot over de oren. De reiki heeft hier een kalmerende en verhelderende werking en oefent een bevrijdende invloed uit op gedachten en hun negatieve, in- en beperkende krachten. Bovendien stroomt er reiki naar de oren, waardoor ons bewustzijn gevoeliger wordt voor wat we niet willen horen en ons innerlijk horen, ofwel onze helderhorendheid, geactiveerd wordt.

3e Hoofdpositie

Voor de derde positie leggen we onze handen onder het hoofd; onze vingertoppen raken het verlengde merg (de verbinding tussen ruggemerg en hersenen). De reiki activeert en harmonieert daardoor vooral de beide hersenhelften: aan de rechterzijde het intuïtieve, associatieve, beeldrijke, creatieve denken, aan de linkerzijde het logisch-analytische, wetenschappelijke, op feiten gerichte denken, zodat beide gebieden elkaar gaan ondersteunen. Ten gevolge van de in onze tijd eenzijdig voorgetrokken en geoefende logisch-analytische manier van denken van de linkerhersenhelft, is de rechterhersenhelft veelal 'verkommerd' en deze heeft dan ook nieuwe impulsen nodig. Door deze handpositie voelt de reiki-recipiënt zich beschermd en geborgen, waardoor hij kan leren zich in het volste vertrouwen aan de dragende, liefdevolle kracht van het leven over te geven en zich open te stellen voor nieuwe, creatieve, scheppende ervaringen.

4e Hoofdpositie

We leggen onze handen zacht op de schouders. Daardoor stroomt er reiki door heel het lichaam heen naar de voeten, waardoor het lichaamsbewustzijn van de recipiënt verruimt en hij zich bevrijd voelt van de last der materie.

5e Hoofdpositie

Wederom zacht leggen we onze handen in een driehoek op de borst. Hierdoor stroomt er reiki het keel- en het hartcentrum binnen. Op lichamelijk vlak worden de vibraties van de schildklier, het stofwisselingsproces, de luchtwegen van de bronchiën en longen, alsmede de borst en het hart van reiki doortrokken. Op fijnstoffelijk vlak gaat het om het spraakvermogen, spraakstoornissen, onderdrukte emoties, zwaarwegende druk, gekwetste gevoelens van liefde voor onszelf en anderen die ons bijzonder na staan, angst voor scheiding en verlies, geven en nemen, zelfmedelijden en onvoorwaardelijke liefde. Deze positie is vooral bijzonder omdat het keel- en het hartcentrum er gelijktijdig door geactiveerd worden. De vibraties van beide energiecentra wisselen daardoor energie met elkaar uit en ondersteunen elkaar. Door het wegnemen van remmingen en de vrijere zelfexpressie kan de liefde in ons hart gemakkelijker stromen; en door de versterkte liefde in ons hart kunnen we dan weer liefdevoller communiceren.

De lichaamsposities

We gaan nu aan de linkerkant van de recipiënt staan en houden daarbij indien mogelijk lichamelijk contact (zie illustraties).

1e Lichaamspositie

We leggen beide handen naast elkaar tot onder de rechterborst. Er stroomt hier reiki in het vibratieveld van het 3e energiecentrum. In het lichaam worden de lever en galblaas ondersteund en ten dele ook de maag. Op fijnstoffelijk vlak werkt deze positie in op onze instelling ten aanzien van zelfbeheersing en onderdrukking, matigheid en mateloosheid (de hoeveelheid bepaalt op alle niveaus of iets voeding, medicijn of gif is), wil en eigenzinnigheid, macht en onmacht. Er zijn dus duidelijk verbanden met processen van het 6e energiecentrum, het derde oog, te herkennen. Hier verlopen de processen evenwel op een ander vlak, namelijk in samenhang met ons gevoel van eigenwaarde.

2e Lichaamspositie

Voor de tweede positie leggen we onze handen onder de linkerborst. Ook nu stroomt er reiki in het bereik van het 3e energiecentrum: in het lichaam naar de milt, alvleesklier en gedeeltelijk ook de maag. Op fijnstoffelijk niveau oefent de reiki invloed uit op verstoringen tussen aantrekking en afstoting, gelijkmoedigheid en strijd en ook het verlangen naar uitwisseling van tederheid.

3e Lichaamspositie

We leggen onze handen boven en onder de navel. Hierdoor worden tegelijkertijd het 3e en het 2e energiecentrum geactiveerd. In het

De lichaamsposities

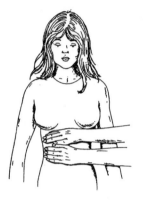

1e. lichaamspositie

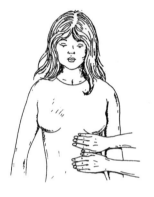

2e. lichaamspositie

3e. lichaamspositie

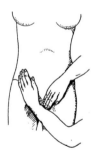

4e. lichaamspositie

lichaam stroomt er langs deze positie reiki naar de spijsverteringsprocessen en de maag en gedeeltelijk ook naar de lever, galblaas, alvleesklier, milt, dunne en dikke darm en nieren. Op fijnstoffelijk niveau wordt via het 3e energiecentrum de transformatie van het grofstoffelijke naar het fijnstoffelijke bevorderd, alsmede onze 'innerlijke Zon', onze uitstraling, levensvreugde, moed en zelfvertrouwen. Bij het 2e energiecentrum betreft het ons toelaten en loslaten, onze beweeglijkheid en flexibiliteit, ons 'aan het stromen zijn'. In dit bereik werkt de reiki ook in op spanningen en verstoringen, die na zekere tijd tot ziektes en aandoeningen van het lichaam zullen leiden. Bij het 3e energiecentrum gaat het dan bij voorbeeld om nijd, afgunst, wantrouwen, minderwaardigheidsgevoelens, overdreven angst en ook onderdrukte en verdrongen emoties. Tot het werkingsgebied van het 2e energiecentrum horen onder meer relatieproblemen, niet alleen met de levenspartner en familie, maar ook in andersoortige partnerschappen, de ontmoeting met de 'jij', met datgene wat ons niet zo vertrouwd en bekend is, en opeenhoping en onderdrukking van vitale gevoelens. De verbinding van beide energiecentra door deze reiki-positie resulteert in beweging, stromen, flexibiliteit in ons (geblokkeerde, geremde) zelfvertrouwen en onze uitstraling. Ons gestimuleerde zelfvertrouwen helpt ons vervolgens weer zonder angst het nieuwe, onbekende, verdrongene tegemoet te treden, zodat we ons beter op de bezielende, vitale levensstroom kunnen laten meedrijven.

4e Lichaamspositie

We leggen onze handen in een V-vorm langs de liezen. Daardoor stroomt er vooral reiki het 1e energiecentrum binnen, naar onze geslachtsorganen. Daarnaast worden op lichamelijk vlak de uitscheidingsprocessen gestimuleerd. Ook worden er allerlei 'bestaansdrijfveren' geactiveerd: vitaliteit, motivatie om te leven, tot seksuele liefde en haar verheffing, sublimatie en transformatie, tot relaties en familie, tot voortplanting, tot werken en carrière maken, tot beheersing van de lusten, tot het vrij worden van afhankelijkheid.

Bestaan er nog andere specifieke lichamelijke problemen, dan leggen we ook op die plekken onze beide handen op. Bij borstkanker kunnen we bij voorbeeld op elke borst een hand leggen, bij pijnlijke knieën op iedere knie, bij aandoeningen van de bronchiën beide handen naast elkaar op het borstbeen - telkens tussen de tien en twintig minuten.

De rugposities

Voor de aansluitende rugbehandeling halen we eerst de edelstenen weg en leggen ze terzijde. Vervolgens raken we de recipiënt aan en verzoeken hem zich op zijn buik te draaien; de armen dienen daarbij wederom naast het lichaam te liggen.

Bij de rugbehandeling worden op twee uitzonderingen na geen edelstenen gebruikt. Bij nierproblemen kan het bevorderlijk zijn gedurende de gehele rugbehandeling met reiki een carneool op de nieren of hun uitstralingsgebied te laten liggen. De carneool bevordert het 'stromen' en ook alle besluitvormings- en uitscheidingsprocessen. Bij aandoeningen van botten, wervels, tussenwervelschijven of wervelkolom leggen we telkens een groene calciet op het stuitbeen op. De groene calciet brengt een regenererende, liefdevolle kracht voor dat wat gebroken, broos of verstijfd is.

1e Rugpositie

We leggen de handen naast elk op de bovenkant van de rug, net onder de nek. Er stroomt reiki naar de plaats waar lichaam en hoofd in elkaar overgaan en daardoor in zekere zin naar de overgang tussen geest en stof.

2e Rugpositie

We leggen een hand op beide schouders. Daarna strijken we met onze handen naar beneden, met een hand links en een rechts van de ruggegraat, zonder deze evenwel aan te raken, tot aan het stuitbeen. In onze rug 'stoppen' we datgene weg wat we niet willen toegeven, wat we niet onder ogen zien, niet van ons willen laten zien. In de schouderstreek werkt de reiki in op de last die we met ons meedragen, zoals ervaringen en beslissingen waaronder we gebukt gaan en schuldgevoelens. In het bovenste gedeelte van de rug gaat het om angsten en gevoelens van ons hart, om ons vermogen om van anderen te houden en relaties en verbintenissen aan te gaan, om het overwinnen van angst voor verlies. In de nierstreek betreft het onze centrering, ons midden, in het bekkengebied ons materieel bestaan en

De rugposities

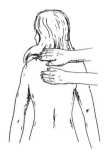

1e. rugpositie

2e. rugpositie

3e. rugpositie

4e. doorstroming van de totale rug

onze bestaansangst. Aan beide kanten van de wervelkolom bevinden zich zenuweinden, via welke ons centraal zenuwstelsel geactiveerd wordt.

Boven het *stuitbeen* leggen we wederom onze handen naast elkaar. We versterken daarmee de reiki-energie via onze 'basis'.

Vervolgens brengen we een verbinding met het uitgangspunt van de rugbehandeling tot stand. We leggen een hand op de nek, zodat we dus een hand daar en een hand op het stuitbeen hebben. Zo wordt zowel het begin als het einde van de wervelkolom geactiveerd, wat in een *doorstroming van heel de rug* en daardoor in een weldadige, spanningen oplossende harmonisering resulteert.

Ingeval er nog speciale rugproblemen zijn, kunnen we onze handen nogmaals specifiek naast elkaar op dat gebied opleggen en daar tien tot twintig minuten laten rusten.

Voor een totale activering en ook ter bevordering van de aarding, is het zeer aangenaam de handen in de *knieholten* en/of op de voetzolen op te leggen: *vingertoppen op de teentoppen*. Dat wekt meestal een bijzonder vergevensgezind (met het aardse leven verzoenend) gevoel op.

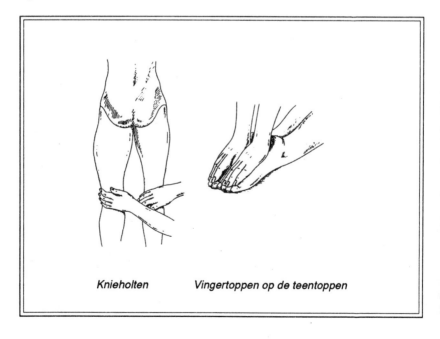

Knieholten   Vingertoppen op de teentoppen

De behandeling van hoofd, lichaam en rug met reiki dient per onderdeel ongeveer twintig minuten te duren, zodat een totale reiki-sessie om en nabij een uur in beslag neemt. Wanneer we onze handen op specifieke lichaamsplekken langer laten rusten of zieke delen extra reiki geven, kan het geheel oplopen tot anderhalf uur. Ongeveer even lang duurt het, als we tot slot nog de chakra's in evenwicht brengen.

Ter afsluiting strijken we nogmaals drie keer over de aura van de recipiënt, met tot slot een activerende, opbouwende en afsluitende *energieveeg* van stuitbeen naar hoofd.

We bedanken daarna voor het samen beleefde geschenk van reiki en bedanken de edelstenen en hun lichtkrachten en wassen de stenen en onze handen in stromend koud water.

Het balanceren van chakra's

Zoals gezegd kunnen we na de bovenbeschreven reiki-behandeling van ongeveer één uur nog apart de chakra's balanceren. We verzoeken de recipiënt daarvoor weer op zijn rug te gaan liggen en behandelen dan de chakra's, zonder echter nogmaals de edelstenen op te leggen (ongeveer tien minuten).

Het is nochtans ook mogelijk het balanceren van de chakra's te laten volgen op de hoofd- en lichaamsbehandeling met reiki, dus zonder eerst de rug behandeld te hebben (ongeveer twintig minuten). In dit geval kunnen de edelstenen op het lichaam blijven liggen, aangezien ze voor een intensieve balancering van de vibraties in de energiecentra zorgen.

Voorts kan het balanceren van de chakra's zonder meer gebeuren, dus zonder voorafgaande reiki-behandeling. We kunnen dan, intuïtief uitgekozen, edelstenen op enkele of alle energiecentra opleggen. In dit geval dienen we voor het balanceren van de chakra's ongeveer een half uur uit te trekken, d.w.z. ongeveer tien minuten voor iedere handpositie.

De recipiënt ligt op zijn rug. We leggen de gewassen edelstenen op, gaan links van hem staan en omstrijken driemaal zijn aura.
1. We leggen onze linkerhand op het 1e en onze rechter zeer zacht op het 6e energiecentrum op. De energieën van beide centra stromen daardoor in elkaar over, komen tot eenheid en ondersteunen elkaar;

In evenwicht brengen van chakra's

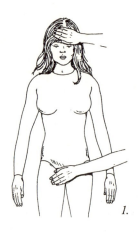

1.

2.

3.

ze komen tot optimale energiewisseling. De activerende, spontane, op ons aardse leven en onze existentiële drijfveren en behoeften gerichte energieën van het 1e centrum verenigen zich aldus met het goddelijke bewustzijn van de grote geloofskracht van onze ziel, waarmee we zoals men weet bergen kunnen verzetten en het onmogelijke kunnen doen, met de innerlijke kosmische vrede en het voorstellings- en denkvermogen van de 6e chakra. Daardoor wordt een onderlinge harmonisering en wederzijdse bevruchting tussen deze twee tegengestelde krachten, stof en geest, mogelijk.

2. Na zeven tot tien minuten brengen we onze handen dichter naar elkaar toe: onze linkerhand leggen we nu op het 2e energiecentrum op, onze rechter heel losjes, zonder eigenlijk de keel aan te raken, op het 5e energiecentrum. Nu verenigen de krachten van het bezielde, vitale stromen, het toelaten en loslaten, zich met ons spraak- en communicatievermogen. We leren ons vloeiender via de taal uit te drukken en kenbaar te maken en krijgen zo nieuwe mogelijkheden om anderen, onbekenden te ontmoeten. Onze relaties en onze communicatie met onze omgeving leven op, worden fantasierijker en blijmoediger.

3. Daarna brengen we onze handen nog dichter naar elkaar toe. Onze linkerhand leggen we op het 3e energiecentrum op, onze rechter op het 4e. De stralende zon van ons 'midden' verenigt zich met de liefde in ons hart. Ons gevoel van eigenwaarde, en daarmee samenhangend onze uitstraling, gaan door onze liefde harmonieus vibreren. Daardoor komen achterhaalde of uit angst weggedrukte machts- en dominantie-energieën tot een harmonieuzer verhouding met andere levensbehoeften. Ons in zichzelf rustende gevoel van eigenwaarde verleent de liefde in ons hart een sterke basis om zich met heel onze persoonlijkheid op prachtige wijze naar buiten toe uit te drukken. Onze persoonlijkheid verstopt zich niet langer achter valse bescheidenheid en wordt niet meer geremd door gekwetste gevoelens of onterecht ervaren ontmoedigingen, maar wordt gedragen door de natuurlijke schoonheid van onze stralende liefde.

De liefde in ons hart vindt krachtig haar weg naar buiten, de zon van ons midden verliest zijn ijdelheid en zijn uitstraling en werking worden in liefde verhoogd.

Ter afsluiting van de behandeling van de chakra's omstrijken we opnieuw driemaal de aura van de recipiënt. We bedanken de edelstenen en leggen ze weg om ze later te wassen. Vervolgens halen we de recipiënt door zijn lichaam aan te raken terug naar het hier en nu.

De behandeling van de chakra's zorgt er op prachtige wijze voor dat alle energieën in ons in evenwicht komen en dankt juist aan het samenstromen van verschillende krachten haar sterk harmoniserende en vernieuwende werking. We kunnen het proces bevorderen door op alle energiecentra een edelsteen op te leggen. We kunnen echter ook besluiten slechts een edelsteen op te leggen op enkele energiecentra, namelijk die welke een speciale stimulans nodig hebben.

Is de edelsteen die we op het energiecentrum opgelegd hebben niet al te groot, dan kunnen we onze hand er direct overheen leggen. Er stroomt dan reiki rechtstreeks door de steen en langs de kleurstralen ervan het energiecentrum binnen. Is de steen daarentegen tamelijk groot, dan kunnen we onze handen er het beste naast leggen.

De 'spoedbehandeling' met reiki in zithouding

Ook wanneer de recipiënt zit kunnen we er heel goed een edelsteen bij betrekken. We leggen die tussen zijn voeten op de grond, of beter nog, in zijn handen, die hij als een open kom in zijn schoot of op zijn bovenbenen laat rusten.

De edelsteen kiezen we van te voren intuïtief uit. We begroeten hem liefdevol, wassen hem en houden hem in onze reiki-handen, zodat zijn lichtkracht geactiveerd wordt. Zijn schitterende kleurstraal stijgt op en stroomt bij het geven van reiki vanzelf naar de plek waar onze handen liggen.

Indien mogelijk staan we links van de recipiënt.

1) We leggen onze handen op zijn schouders op. Er stroomt zo reiki naar eventuele pijn in zijn schouders: naar ervaringen die op hem drukken, die hij 'op zich geladen' heeft en in verband waarmee hij schuldgevoelens heeft ontwikkeld.

2) We leggen een hand op zijn voorhoofd op en de andere op zijn achterhoofd. Er stroomt reiki naar zijn 6e energiecentrum (voorhoofdscentrum, derde oog).

3) We leggen een hand op zijn keelkuiltje op, zonder de keel daarbij feitelijk aan te raken, en de andere in zijn nek. Er stroomt reiki naar het 5e energiecentrum (keelcentrum).

4) We leggen een hand op zijn borst/hartstreek op en de andere op zijn rug op dezelfde hoogte. Er stroomt reiki naar het 4e energiecentrum (hartcentrum).

5) We leggen een hand net boven zijn navel op en de andere op zijn rug op gelijke hoogte. Er stroomt reiki naar het 3e energiecentrum (zonnevlechtcentrum, 'midden').

6) We leggen een hand net onder zijn navel op en de andere op zijn rug op gelijke hoogte. Er stroomt reiki naar het 2e energiecentrum (heiligbeencentrum, 'stromen').

7) We leggen een hand net onder zijn buik (schaamstreek) op en de andere op zijn stuitbeen. Er stroomt reiki naar het 1e energiecentrum (basiscentrum).

8) Tot slot geven we ter stabilisering van de energie met één hand in bovenwaartse richting een 'energieveeg' vanaf het stuitbeen via de schedel naar het kruincentrum.

We bedanken voor de reiki en de steun van de edelsteen. We raken de recipiënt zachtjes aan, zodat hij weer 'bij zijn positieven' komt. Naderhand wassen we de steen en houden hem in onze reiki-handen.

Deze 'stoombehandeling' is een prachtige krachtgevende, stabiliserende, opbouwende vorm van reiki-geven en daarom heel geschikt voor 'bijtanken'. Daarnaast kan ze uitstekend dienen om iemand met reiki kennis te laten maken. De behandeling zou vijftien tot twintig minuten moeten duren.

Het bijzondere van deze behandeling zit in het gelijktijdig aanraken en activeren van rug en voorkant van het lichaam. In onze rug hebben we stabiliteit en bescherming nodig voor de voorkant van ons lichaam, waarmee we zeer open en kwetsbaar zijn. Alle energieën nemen we aan onze voorkant op. Onze energiecentra openen zich als bloemkelken aan de voorkant van ons lichaam en langs deze kant vindt voortdurend uitwisseling van energie plaats. Wanneer beide gelijktijdig met reiki gevoed worden, versterken de krachten zich en geven ons een gevoel van weldadige stabiliteit.

Zelfbehandeling met reiki

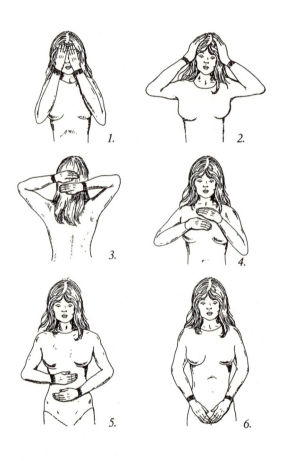

Zelfbehandeling met reiki

We kunnen onszelf zowel liggend als zittend met reiki behandelen. In zithouding kunnen we een edelsteen, waarvan we de energie bij de behandeling willen gebruiken, na de gepaste voorbereiding tussen onze voeten op de grond leggen. Zijn schitterende kleurstraal stijgt onder onze zelfbehandeling op en wordt vooral daar opgenomen waar we telkens onze handen opleggen.

Geven we onszelf liggend een behandeling, dan kunnen we op enkele of alle energiecentra een edelsteen opleggen en aldus de energiestroom van reiki intensifiëren. Dat gebeurt automatisch en in het bijzonder daar waar we onze handen opleggen (zie illustratie).

1) Eerst leggen we onze beide handen op ons gezicht, over de ogen (6e energiecentrum),
2) dan aan de zijkant op onze slapen,
3) daarna over elkaar op ons achterhoofd,
4) dan op ons hart en onze borst (4e + 5e energiecentrum),
5) vervolgens een hand boven en een onder onze navel (3e + 2e energiecentrum),
6) en ten slotte vormen we met beide handen een V op ons onderlichaam (1e energiecentrum).

De uitwerking van deze reiki-posities op ons lichaam en de fijnstoffelijke processen zijn reeds bij de 'reiki-behandeling in lighouding' beschreven.

TWAALF REIKI-
BEHANDELINGEN
MET EDELSTENEN

VOORAF

Nagenoeg ieder edelgesteente laat zich combineren met een behandeling met reiki. Ik heb hier voor elke kleurstraal de belangrijkste edelstenen gekozen en de werkzaamheid ervan beschreven. We dienen er echter rekening mee te houden dat het genezingsproces veel meer aspecten kent dan waarneembaar en beschrijfbaar is.

Rood:
Granaat
Oranjekleurig:
Carneool
Geel:
Barnsteen, citrien, rutielkwarts
Groen:
Chrysopraas
Rozekleurig:
Rozekwarts
Lichtblauw:
Chalcedoon, aquamarijn
Donkerblauw:
Lapis lazuli
Violet:
Amethist
Straalt in helder licht:
Bergkristal

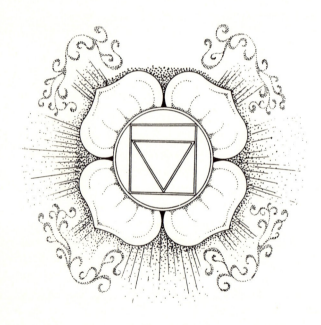

ZEVEN GRANATEN

Blijmoedige opbouw, vitaliteit, energie

Als we bij een (zelf-)behandeling met reiki op elk primair energiecentrum een granaat opleggen, stroomt er een sterk schitterend, krachtig rood door alle energiestelsels.

Bij het geven van reiki stroomt in dit geval dus een grote hoeveelheid lichtenergie naar de granaten en beleeft via deze haar rode component in het fijnstoffelijke, waardoor ze in toenemende mate in de rode kleurstroom van het universum opstijgt. Wezens van deze kleurstroom, die met de opstijgende lichtenergie van de granaten in contact staan, 'merken' dat, voelen zich 'aangesproken en geroepen'. Ze zijn er verheugd over, aangezien ze op dit moment gewacht hebben sinds ze de granaten in de aarde lieten groeien. Langs dit met rood doorstroomde schitteren en stralen, dat van de aarde naar ze opstijgt, kunnen ze 'afdalen' naar de grofstoffelijke vibraties van de materie. De door reiki geactiveerde granaatvibraties laten bij elke opgelegde granaat een rood schitterend lichtkanaal naar boven in de rode kleurstroom ontstaan. De lichtwezens van granaat kunnen vervolgens langs deze lichtstraal in de vibraties van de energiecentra en zo in de energieprocessen van de reiki-recipiënt komen. Ze laten hun krachtig schijnend rood door de granaten, waarvan de lichtenergie door de reiki geactiveerd is, stromen en kanaliseren via onze energiecentra naar al onze energetische processen de voor granaat typische energie van blijmoedige opbouw en de daarvoor benodigde vitaliteit, gedrevenheid, spontaniteit en werkkracht.

Dat kan vooral heilzaam zijn wanneer we ons lichamelijk zwak voelen, na lange ziekte of veel bloedverlies, bij een gebrekkige vitaliteit of levenszin en in fasen van opbouw, of het nu op materieel, lichamelijk, existentieel, beroeps-, persoonlijk of een ander vlak is.

Granaten op de zeven energiecentra

In het *1e energiecentrum* werkt het rood van de opgelegde granaat in op de primaire vibratie van het centrum en bevordert dienovereenkomstig de hoofdfunctie ervan: blijmoedige opbouw, omgaan met de materie, lichaamsprocessen. De granaatenergie bevordert bij voorbeeld een gezonde bloed- en celaanmaak, harmonisering van het bloedbeeld, een levendige seksualiteit en gedrevenheid, het opbouwen van een relatie en familie, de bevrediging van primaire behoeften, het werken aan een carrière en een actief, dynamisch levensgevoel.

In het *2e energiecentrum* versterkt de krachtige, leven schenkende en impulsieve gloeiend-rode vibratie van de granaat ons 'stromen', onze bloedcirculatie en doorbloeding; ze motiveert ons ertoe spontaan, creatief en energiek te zijn in onze ontmoetingen met de 'jij' en met onze partner en in situaties waarin we een besluit moeten nemen; ze laat ons praktisch en vol fantasie handelen. De vreugde over het slagen verleent ons gedrevenheid.

In het *3e energiecentrum* oefent de rode granaat een opbouwende invloed uit op de vernieuwing van de cellen van lever, gal, maag, milt en alvleesklier; hij bevordert daarnaast het afbreken en wegvoeren van ballaststoffen. De granaat vergroot voorts ons zelfbewustzijn en moedigt ons ertoe aan dynamischer en spontaner naar buiten te treden, alsmede meer op ons te nemen en uit te voeren van wat belangrijk voor ons is. Met energieke moed kunnen we hindernissen overwinnen die ons tegenhouden of belemmeren.

In het *4e energiecentrum*, het hartcentrum, wordt onze liefde door de vloeiende rode granaatenergie gesterkt. Op lichamelijk vlak krijgen vooral onze hartspier en aldus de energietoevoer naar alle weefsels en de bloedcirculatie een vitaliserende impuls. We voelen blijmoedige en vreugdevolle liefde voor anderen. Door onze vergrote spontaniteit laten we meer liefde toe en leren we de oplaaiende vlammen van de liefde in ons hart kennen door het beproeven van de vuurkracht.

In het *5e energiecentrum* komt het stralende granaatrood in ons keelcentrum en activeert de kracht van ons spraakvermogen. Ons spreken is sprankelend en vreugdevol en we kunnen gemakkelijker nieuwe contacten leggen en relaties opbouwen.

In het *6e energiecentrum* stimuleert het rode stralen van de granaat ons geloof in onszelf en onze wilskracht om onze plannen en voornemens te verwezenlijken, om onze existentiële behoeften te bevredigen. Met onze vitaliteit en geloofskracht kunnen we hooggestelde doelen werkelijkheid laten worden.

In het *7e energiecentrum* zet de rode granaatvibratie ons aan tot vreugdevol en geconcentreerd mediteren. Ze bevordert onze ingevingen en ideeën met betrekking tot de eisen van ons dagelijks leven. De vreugde over de overvloed van mogelijkheden voor ideëel en materieel welzijn doorstroomt ons op alle vlakken met een gevoel van rijkdom.

Indien de geringe vitaliteit op lichamelijke deficiëntieverschijnselen terug te voeren is, kan meer in het bijzonder baat gevonden worden bij granaten die in ovale vorm geslepen zijn, hetzij als cabochon hetzij met facetten. Een cabochon oefent een 'zachtere', behoedzamere invloed uit. Alle met facetten geslepen granaten vormen een brandpunt en forceren de geactiveerde aspecten nogmaals.

Ingeval de geringe vitaliteit eerder een psychische oorzaak heeft, de motivatie ontbreekt of emoties sterk onderdrukt zijn, kunnen druppelvormig geslepen granaten heilzaam zijn, en dan vooral gefacetteerde, gloeiend rode granaten.

Ontbreekt het ons aan stimulerende, spontane ideeën voor het opbouwen van het nieuwe, dan zijn inzonderheid ronde vormen - als cabochon of met facetten geslepen - heel geschikt.

Een ronde granaatcabochon brengt een verhit gemoed tot bedaren, waardoor het denken gelatener wordt.

Een ronde gefacetteerde granaat concentreert iedere activerende energie nog eens extra.

Voor het concretiseren van een concept betreffende het opbouwen van iets nieuws op een existentieel gebied van ons leven, zijn rechthoekige granaten met facetten (meestal achthoekig) de aangewezen helpers, aangezien ze niet alleen veelzijdige vreugde over en vitaliteit voor het opbouwen opwekken, maar dat ook manifesteren en in de stoffelijke realiteit omzetten.

We kunnen voor alle energiecentra dezelfde vorm uitkiezen of ons specifiek op elk energiecentrum afstemmen en die bepaalde vorm kiezen die het beste aan de behoeften van ieder centrum beantwoordt.

Getrommelde stenen zijn geschikt voor de algehele activering van de granaatenergie op alle vlakken en bieden tijdelijke hulp, wanneer we ons (nog) niet ergens op willen vastleggen. Naderhand kan dan de energie met behulp van doelbewust gekozen vormen in specifieke banen gekanaliseerd worden. De gloeiend rode vibraties en lichtwezens die langs de granaten naar ons toe komen, doorstromen ons volledig met dit rood. Het houdt een zeer sterke activering in, waarvoor we eigenlijk dan ook alleen zouden mogen kiezen, wanneer iemand werkelijk uitgeput, krachteloos, zonder vitaliteit of zonder interesse in het leven is of aan het herstellen is na een ziekte of operatie.

ZEVEN CARNEOLEN

Doorstroming, beweging, 'stromen'

We leggen voor de (zelf-)behandeling met reiki op elk energiecentrum een carneool op. Met de reiki laten we het warme oranje ervan schijnen, dat alle energiecentra binnenstroomt en zich in een sterke oranjekleurige energiestroom verenigt. Heel ons energiesysteem wordt ermee doorstroomd en in onze levensstroom wordt de oranjekleurige straal zeer sterk. Langs ieder zo geactiveerd energiecentrum en langs de levensstroom stijgen oranjekleurige lichtvibraties op in de wereld van de grote kosmische kleurstromen en 'roepen' de lichtwezens van de carneolen naar de materie, naar hun steen. Ze geleiden het met reiki doorstroomde oranjekleurige licht van de carneolen door ons energiesysteem en bewerkstelligen met dit constant stromende oranje dat belemmeringen, hindernissen, verhardingen, blokkades zich kunnen oplossen en in dit grootse vloeien en stromen afgevoerd worden. Dat heeft enerzijds een intense, pulserende zuivering tot gevolg, anderzijds een oplading met energie, die ons levensgevoel verhoogt.

Carneolen op de zeven energiecentra

In het *1e energiecentrum* zorgt de carneool, behalve voor meer beweeglijkheid en elasticiteit, voor een zekere verlichting en gevoel van welbehagen in het eerder impulsieve, agressieve, ons voortdurend tot levensbehoud stimulerende energiepotentieel. We kunnen daardoor veel ontspannener en buigzamer met de eisen en noodzaken van het leven van alledag omgaan.

In het *2e energiecentrum* gaat de lichtenergie van de carneool op in de primaire, eveneens oranje energiestroom van het centrum. Hier bevorderen de lichtwezens van de carneool het 'stromen' in ons. Op lichamelijk vlak oefent het een bijzonder harmoniserende invloed uit op de bloedcirculatie, de doorbloeding en de bloeddruk, terwijl het ook heel heilzaam is bij spataderen. Tegelijkertijd worden de nieren doorspoeld, schoongemaakt en ontlast. De uitwerking is in het bijzonder sterk op het emotionele vlak. Op dit niveau heeft het 2e centrum betrekking op onze omgang met de 'jij', met onze partner, met datgene wat we als verschillend en gescheiden van ons beleven, wat we afwijzen, bewonderen of moeten zien te overwinnen. Door het constante stromen, door de vloeiende weldadige warmte van de carneool, kunnen we vrijer, flexibeler en creatiever met onze omgeving omgaan en emotionele verstoppingen en verhardingen 'losweken'. Op het vibratieniveau van onze gedachten, voorstellingen, ideeën en idealen overspoelt de carneool ons met zijn stromen, waardoor we verstarde denkpatronen en ingesleten zelfconcepten in een ruimer perspectief gaan zien en blijmoediger beslissingen nemen.

In het *3e energiecentrum* voegt het schitterende oranje van de carneool een vloeiende warme energie aan onze 'zonnekracht' toe, waardoor we ons zelfbewustzijn fantasievoller aan de buitenwereld kunnen presenteren en ons ontspannen kunnen gedragen. We vinden weer het midden tussen extreme gedragswijzen.

In het *4e energiecentrum* vergroot de carneoolenergie onze hartwerking. Op het emotionele vlak maakt het oranje een stroom van ongeweende tranen los, waardoor geblokkeerde pijnlijke herinneringen van onze psyche weer kunnen gaan stromen en we negatieve, gekwetste gevoelens kunnen verlichten en verwerken.

In het *5e energiecentrum* bezielt de carneool met zijn oranje schittering onze communicatie en ons verlangen om ons te uiten. Belemmeringen bij het spreken kunnen gemakkelijker weggenomen worden. In geval van aangetaste luchtwegen laat de carneool weldadige, loswekende warmte door dit lichaamsgebied stromen.

In het *6e energiecentrum* geeft de oranjekleurige energiestroom van de opgelegde carneool creatief-scheppende impulsen aan ons denken. Ons denken gaat stromen, waardoor we gemakkelijker ideeën en fantasievolle ingevingen oppakken en ermee aan de slag gaan. Hooggestelde doelen en idealen verliezen hun eventuele eenzijdigheid en verstarring, en ons zelfconcept en onze geloofskracht krijgen, na tot op zekere hoogte 'in slaap gevallen' te zijn, nieuwe bezieling.

In het *7e energiecentrum* helpt de oranje schittering van de carneool ons met onze hogere leiding in contact te komen en op basis van goddelijke intuïtie beslissingen te nemen.

Een reiki-behandeling in combinatie met carneolen is vooral nuttig, wanneer er behoefte is aan meer bezieling, flexibiliteit, fantasie en ongedwongenheid.

Bij spataderen, stoornissen in verband met de doorbloeding en bloedsomloop en nierproblemen kan meer in het bijzonder een ovale carneool veel uitrichten, aangezien deze vorm de energie op lichamelijk vlak aan het stromen brengt.

Bij oplopende spanningen op relatiegebied zijn in een trommel geslepen carneolen heel geschikt. Dank zij de constant stromende energie ervan leren we dat we niet in de 'slopende' situatie moeten vast blijven zitten, maar ons moeten inspannen om gevoeliger met elkaar om te gaan en ondanks alle punten van wrijving het leven te accepteren.

ZEVEN BARNSTENEN

Succes

Door een reiki-behandeling in combinatie met barnsteen komt de vibratie van honinggeel in onze levensstroom en worden vele zonnewezens in staat gesteld ons in hun vreugde te laten delen en ons in contact te brengen met mensen die ons kunnen helpen slagen. De totale doorstroming van ons energiesysteem met de vreugde over ons succes oefent op alle vlakken een oplossende invloed uit op de blokkades, angsten en zelfconcepten die ons succesvol zijn in de weg staan. We krijgen er de kracht en het uithoudingsvermogen door om een doel te bereiken. Succes behalen geeft ons een gelukzalig levensgevoel.

Barnstenen op de zeven energiecentra

In het *1e energiecentrum* wordt vooral ons succes op het materiële vlak bevorderd. We komen in contact met mensen die ons bij voorbeeld helpen in onze carrière of bij het behalen van financieel en/of persoonlijk succes. Met hun hulp vinden we een huis, een woning, een partner, goede zakenrelaties, een geschikte praktijkruimte...

In het *2e energiecentrum* activeert de honinggele barnsteen onze relaties en partnerschappen. Hier zorgen de zonnewezens ervoor dat we ons ontdoen van gedragswijzen door welke we steeds weer succesvolle betrekkingen (ver)storen, of zelfs niet eens tot stand laten komen. Ze stimuleren onze creativiteit en fantasie, dank zij welke we in onze omgang met anderen succesvol kunnen zijn.

In het *3e energiecentrum* verbinden de barnsteenwezens zich met die van de in dit centrum overheersende gele vibratie, met onze 'innerlijke zon'. Dat oefent een versterkende invloed op ons zelfbewustzijn uit, waardoor we van onze schaduw los kunnen komen om ons succes te omarmen. We overwinnen onze angst voor ontmoetingen en eisen en minderwaardigheidsgevoelens, alsmede achterhaalde zelfbeoordelingen, ongepaste eerzucht en geldingsdrang. Door onze 'zonnige' uitstraling springt onze opgewekte levensvreugde op anderen over en stellen allen onze aanwezigheid zeer op prijs. Zonder het te willen staan we in het middelpunt der belangstelling, waarbij we leren natuurlijke zelfkennis, grootmoedigheid en vreugde te tonen en uit te stralen.

In het *4e energiecentrum* activeert de honinggele schittering van barnsteen de liefde in ons hart. De engelen van de steen maken zeer veel warmte en vreugde in ons hart en goedheid los en openen zo voor ons de deuren naar succes. Met 'hart' veroveren we in deze vibratie de wereld. Datgene wat ons enerzijds succesvol in onze hartsaangelegenheden laat zijn, schraagt anderzijds al ons streven naar succes met compassie en liefde. We boeken geen succes ten koste van anderen, maar dank zij onze vreugde en ons enthousiasme, dank zij onze liefde voor het leven.

In het *5e energiecentrum* verleent barnsteen onze stem een aangename klank, die zelfs heel verleidelijk kan zijn, zonder nochtans gekunsteld te zijn. Daardoor kunnen we met succes communiceren. Op lichamelijk vlak heeft de honinggele barnsteen een heilzame invloed op verstopte luchtwegen.

In het *6e energiecentrum* doorstroomt de succes brengende energie van barnsteen met haar schitterende geel onze zelfconcepten en denkstructuren en -patronen. De zonnige wezens van de barnsteen storten hier het fundament voor een positieve levensverwachting. We stellen ons open voor een succesvol levensconcept, want we kunnen ons voorstellen dat we succes boeken.

In het *7e energiecentrum* bevordert barnsteen ons succes bij ons mediteren, bidden, innerlijk schouwen. Zijn lichtwezens helpen ons, dank zij volharding en uithoudingsvermogen, succesvol te zijn in onze zelfbezinning, in onze ontmoeting met God.

Hoewel barnstenen meestal in een fantasievorm geslepen worden, zijn er toch ook getrommelde en tot cabochon geslepen stenen te vinden. De werking van een barnsteen wordt sterker door zijn grootte, kleurintensiteit en insluitsels bepaald dan door zijn uiterlijke vorm. Eerder cognackleurige barnstenen oefenen grotere invloed uit op succes op aards vlak, terwijl lichtere, zongele bevorderlijk zijn voor het succesvol ontwikkelen en uitstralen van lichtenergie op alle vlakken. Zelf werk ik het liefst met fel schitterende barnstenen met insluitsels, met van die barnstenen die op kleine zonnen lijken. Ze bevorderen dat we mensen ontmoeten die ons op ons pad naar het licht in ons zonnebewustzijn sterken. Zelfs met getrommelde stenen wordt nog op alle niveaus een vibratie van succes geactiveerd. We kunnen die wezenlijk verhogen door op een energiecentrum waarvan we de aan succes bijdragende kracht in het bijzonder willen verhogen, in plaats van een getrommelde steen een mooie grote barnsteen op te leggen.

Deze op succesvol zijn gerichte behandeling met zeven barnstenen raad ik iedereen aan die, bewust of onbewust, naar succes verlangt en desondanks geen bevredigende resultaten boekt. Ook wanneer er een nieuwe levensfase aanvangt, wanneer we aan iets nieuws beginnen, legt deze behandeling de basis voor het succes ervan. Een barnsteen met 'zonne-insluitsels' is een gelukaanbrenger.

ZEVEN CITRIENEN

Wijsheid, omzetting van geestelijke inzichten

Met citrien komt geel licht in onze levensstroom en onze uitstraling. Het in de lichtwereld opstijgende fijne geel is voor de lichtwezens in de gele kleurstroom het signaal dat ze op aarde nodig zijn. Stralend van vreugde komen ze naar hun manifestaties, de citrienen, waarvan de lichtvibraties door de reiki zo sterk geworden zijn, dat hun wezens langs de schitterde gele stralen naar ons toe kunnen komen.

Slechts weinig citrienen zijn in de aarde natuurlijk als geel kwarts gegroeid. De meeste zijn uit violet amethist gebrand. Natuurlijke citrienen en hun lichtwezens activeren in bijzondere mate de reeds in ons voorleven bewust geworden wijsheid van onze ziel. Ze laten ons daar opnieuw bewust van worden, of anders gezegd, ze activeren ons spirituele leven. Het gaat om een zeer fijne en heldere energie, die aan een diep in ons rustend weten raakt. We leren het opnieuw in eenvoud en verheven stilte naar buiten toe uit te dragen en onze wijsheid levendig, zichtbaar en levensvatbaar toe te passen.

De citrienen die uit amethist ontstaan zijn hebben evenwel een andere werking. Als amethist waren ze met de violette kleurstraal verbonden en ze danken hun manifestatie op aarde dan ook aan de lichtwezens daarvan. Ze zijn afkomstig uit de hoogste vibratiefrequentie, die ons bewustzijn via ons kruincentrum voor de hoogste intuïtie opent. Door het branden worden ze citrienen en komen met hun vibraties in de gele kleurstraal. Ook hun lichtwezens ondergaan deze 'vuur'-transformatie en komen in de grote gele kleurstraal, waar ze de aan ze immanente wijsheid van het zonlicht in de aarde uitstralen.

De verbinding van deze twee krachten - intuïtieve en praktische wijsheid - vinden we, zij het niet vaak, in de natuur in ametrienen. Ametrienen zijn stenen die deels amethist en deels citrien zijn en beide krachten in zich verenigd hebben. Ze bezitten beide en activeren beide: de ontvankelijkheid voor de hogere intuïtie en de weer in het bewustzijn komende wijsheid van de ziel.

Natuurlijke citrienen en ametrienen zijn echter buitengewoon zeldzaam. Om die reden beschrijf ik hier de energetische werking van de citrienen die uit amethist gebrand zijn. Hun bijzonderheid is hun vermogen om hogere vibraties naar lagere neer te transformeren. In deze citrienen vibreert nog steeds het violet van de hogere intuïtie - het zich wenden naar en openstellen voor het goddelijke -, maar door het geel hebben ze er een transformerende component bijgekregen. De intuïtieve waarneming in het violet is veelomvattend en direct en kan niet permanent vastgehouden worden. Voor de integratie en omzetting van deze waarnemingen in het alledaagse leven is geel nodig, de zonnekracht, die het schitterende geel uitstraalt waarmee we op aarde ons lichtbewustzijn tot uitdrukking kunnen brengen.

De reiki-behandeling in combinatie met citrienen begeleidt ieder op zijn pad met licht. Ze bevordert ons vermogen om intuïtieve waarnemingen van het goddelijke om te zetten in praktische en bevattelijke wijsheid. Met behulp van de uitstraling en werkzaamheid van citrien kunnen we ons zelfbewustzijn zichtbaar en merkbaar tot uitdrukking brengen.

Citrienen op de zeven energiecentra

In het *1e energiecentrum* laat citrien schitterend lichtgeel door al onze existentiële angsten, wensen en behoeften stromen. Het wezen van citrien versterkt ons zelfbewustzijn, dat gedragen wordt door de hoogste intuïtie en goddelijke wijsheid. We worden ertoe aangemoedigd intuïtief begrepen waarheden in onze omgang met het leven van alledag toe te passen en in onze levensdoelen te integreren. In de energiestroom van de goddelijke wijsheid verdwijnt onze levensangst en ondergaan onze verlangens een transformatie: onze wens om in ons aardse bestaan naar het goddelijke te leven wordt almaar sterker en komt tot verwerkelijking.

In het *2e energiecentrum* stroomt het schitterende geel van citrien op het niveau van onze ontmoeting met de 'jij', het vlak van onze relaties en betrekkingen. In onze ontmoetingen laten we ons door goddelijke wijsheid leiden op het punt van wat we afwijzen en waarnaar we verlangen. We 'weten' intuïtief hoe we ons tegenover anderen moeten gedragen en we krijgen de kracht en moed om aan deze ingevingen ook gehoor te geven. In het *3e energiecentrum* komen de lichtwezens van citrien terecht in de primaire energiestroom van dit centrum, die eveneens geel is. Daardoor versterken ze hier in hoge mate de zonnekracht van onze goddelijke zelfverwerkelijking. Intuïtief bevatte wijsheid wordt in toepasbare wijsheid omgezet en stemt ons bewustzijn van onszelf harmonieus af op de goddelijke wil. Ook op het lichamelijke oefent citrien in dit energiecentrum een sterke invloed uit, evenals op de daarmee verband houdende processen in onze energielichamen. De spijsvertering in de maag wordt bevorderd door de lichtkracht van citrien, die van violet in geel getransformeerd is, want in onze maag vindt immers een voor ons wezenlijk belangrijke omzetting van de opgenomen voeding plaats. Daarbij wordt niet alleen verwerkt wat we gegeten en gedronken, maar ook wat we gedaan hebben. Er bestaat immers een correspondentie met de manier waarop we onze ziel en geest voeden. De lichtwezens van citrien brengen ons sterker en bewuster met de zonnekracht, met het licht in deze voeding in verbinding en helpen ons het met liefde en dankbaarheid door middel van onze voeding op te nemen.

Aldus wordt onze aardse voeding een goddelijke spijs, waarmee niet alleen ons lichaam, maar ook onze ziel en geest in liefdevol bewustzijn gevoed worden.

Daarnaast oefenen de lichtwezens van citrien een verlichtende invloed uit op de lever, vooral op de ontgifting die daar plaatsvindt. Onze eigen wil versmelt met de wijsheid van de goddelijke wil en brengt geen 'vergiftigende' gedachten, gevoelens en doelstellingen meer voort.

Ook de alvleesklier en milt ondervinden invloed van het gele licht van citrien. Ons hunkeren naar tederheid, dat met de insuline-afscheiding van de alvleesklier samenhangt, wordt sterker en wil graag bevredigd worden. De vorming van anti-stoffen in de milt gebeurt in harmonie met de goddelijke wijsheid, waardoor we bevrijd worden van de drang om uit principe tegen iets of iemand te zijn en ons aanmatigend en autoritair te verdedigen.

Door de lichtgele schittering van citrien worden we met onze schaduwzijden geconfronteerd en er tegelijkertijd toe aangemoedigd ze met wijsheid in goddelijke geschenken te transformeren.

In het *4e energiecentrum* activeert het lichtgeel de wijsheid in ons hart. We bevrijden ons van overdreven, misplaatste bescheidenheid en (zelf-)medelijden en maken ons los uit de kringloop van lijden. We ontdekken de zin van ons lijden en ook dat we slechts lijden zolang we niet 'inzien' dat we zelf de oorzaak daarvan zijn. Want hebben steeds de vrijheid om óf voor angst óf voor liefde te kiezen.

In het *5e energiecentrum* bezielt citrien ons spreken met de goddelijke wijsheid waarvan we ons bewust worden. We krijgen meer moed en worden er vaardiger in onze ervaringen in het licht door middel van het woord mee te delen en over datgene te praten wat we begrepen hebben. In onze communicatie kunnen we het onuitputtelijk weten van het goddelijk zijn krachtiger en begrijpelijker aan anderen overbrengen.

In het *6e energiecentrum* activeert het schitterende geel van citrien ons 'goddelijk oog' en intensifieert onze verbinding met de alwetende. Onze intuïtie dat de goddelijke wil almachtig is en de egocentrische wil zonder macht, komt in het 'licht', of anders gezegd, we worden ons er bewust van. We leren macht te ontplooien als een vorm van (wils-)kracht in goddelijke zin. Daardoor gaan we ons creatief-scheppend aan het bereiken van het hoogste wijden en ontdoen we ons van waardeoordelen en negatieve zelfconcepten. We proberen niet langer anderen te beheersen.

In het *7e energiecentrum* keert het 'gebrande' citrien terug naar het violet waaruit het ontstaan is. Ervaringen van het licht, van verlichting, en gedachteflitsen 'verhelderen' ons bewustzijn en sterken ons erin open te staan voor de wijsheid van de universele geest.

De activering van onze energie is vooral bijzonder sterk, wanneer we op elk energiecentrum een ongeslepen citrien met een punt opleggen, waarbij de punt naar het hoofd gericht is. Een sterke, geel gloeiende vlam doorstraalt al onze energiecentra en verenigt zich in onze energielichamen en in onze levensstroom tot een grote machtige gele vlam, die een krachtig stralende zonnekracht en even stralend zelfbewustzijn vol bezieling in ons 'aansteekt' en al het duistere, angstwekkende wegbrandt.

Deze reiki-behandeling met ongeslepen citrienpunten bewerkstelligt een grote zuivering en eliminatie van angstpatronen en gaat gepaard met het vrijkomen van onze zonnekracht, onze gloedvolle uitstraling. Ze is vooral dan belangrijk, wanneer we steeds weer onder twijfel aan onszelf, moedeloosheid, depressiviteit gebukt gaan, tegen beter weten in handelen, onszelf en anderen onderdrukken en daardoor kracht verkeerd richten en misbruiken.

Tot ovale cabochon geslepen citrienen op elk energiecentrum zijn bijzonder heilzaam bij klachten betreffende de maag, lever en gal, alvleesklier en insulineafscheiding en/of de milt, en ter bevordering van de immuniteit. Citriencabochonen in ronde vorm op ieder energiecentrum kunnen uitstekende diensten bewijzen bij gebrek aan zelfvertrouwen.

Als we met facetten geslepen citrienen op de energiecentra opleggen, wekt elk facet met zijn lichtwezen een sprankelende zonnestraal in ons wezen op, waardoor we vreugde, leven schenkende warmte en bezielende wijsheid gaan uitstralen. Al onze schaduwzijden keren zich naar het licht en we leren over onze schaduw heen te springen en met goddelijke wijsheid ons leven de baas te worden. Dat vereist de moed en bereidheid om de angst voor onze grote kracht en macht eerlijk onder ogen te zien en er vervolgens afstand van te nemen, zodat we vrij zijn om het grootmoedige te doen.

Ovale vormen stellen ons in dit opzicht op lichamelijk vlak op de proef en geleiden licht naar onze donkere, d.i. zieke lichaamsdelen; we gaan aldus inzien wat de ziekte of kwaal voor ons betekent. Druppelvormige citrienen laten het zonlicht in onze ziel stromen en zorgen voor een opgewekt, zonnig gemoed. Ronde vormen 'verhelderen' onze geest en leiden tot lichtgedachten en zelfinzicht. Rechthoekige vormen ten slotte manifesteren de in ons ontwaakte zonnekracht in het aardse, wereldse: we lossen onze problemen van alledag op door geestelijke inzichten in stralend zelfbewustzijn om te zetten.

ZEVEN RUTIELKWARTSEN

Harmonie, gouden licht, zegen

Door een reiki-behandeling met op elk energiecentrum een rutielkwarts komt er veel zuiver gouden licht in onze energiestelsels. Het
stijgt in gouden lichtgolven op in de goddelijke zegenstroom en naar
zijn lichtdragers, die ons een heel bijzondere liefhebbende energie
van onze schepper brengen. Analoog aan de gouden naalden die zich
in hun steen in het zuivere licht van kristal manifesteren, komen ze
als 'goddelijke boodschappers' met gouden lichtschichten naar ons
toe.

De in de 'rutielnaalden' gemanifesteerde gouden vibraties zijn pijl-
snel en doelgericht en liggen ingebed in het pure licht van kristal.
Deze unieke combinatie laat in ons op alle vlakken volkomen goddelijke harmonie en schoonheid tot ontwikkeling komen. Het goddelijke
licht, met zijn zuivere schoonheid en zegenrijke kracht, verhoogt onze
lichtvibraties en maakt ons tot een deelgenoot van het licht op aarde,
die met behulp van 'lichtschichten' overal om zich heen zich harmonie en geluk verspreidt.

Op lichamelijk vlak oefenen de grote harmonie en de zegenrijke-
liefdevolle verbondenheid met onze schepper een pijnstillende en genezende invloed uit. Op psychisch niveau maakt rutielkwarts een einde aan extreme gemoedsschommelingen en innerlijke verscheurdheid. En op geestelijk niveau worden de energieën van onze gedachten en denkstructuren door de schitterende lichtschichten in een goddelijke richting gestuurd.

Rutielkwartsen op de zeven energiecentra

In het *1e energiecentrum* verbindt het zuivere gouden licht van rutielkwarts zich, via zijn lichtdragers, met de fundamentele drang van
onze ziel om op aarde te leven tot eer van onze schepper en zegen
van zijn schepping, waarvan we deel uitmaken. Doordat we bij alles

wat we doen oog hebben voor de goddelijke schoonheid, vreugde en schittering, doordat we in bezielde, liefdevolle verbondenheid met al het geschapene leven, wordt ons bestaan op aarde rijk aan vreugde, harmonie en geluk en vrij van zorgen en behoeftigheid. Elke ontmoeting, iedere ervaring wordt een ervaring van en uitwisseling met goddelijke liefde in haar volmaakte schoonheid.

In het *2e energiecentrum* stroomt het gouden licht via de rutielkwarts en zijn lichtdragers naar onze gevoelens van verscheurdheid, naar onze verdeeldheid in ons samenleven met anderen. In deze energiestroom leren we het bijzondere van de ander te waarderen en een nieuwe kwaliteit in onze relaties te ontwikkelen: op een elkaar steunende, fantasievolle, weldadige, ontspannen en meelevende manier bij elkaar zijn en ieders unieke schoonheid naar voren laten komen.

In het *3e energiecentrum* gaat de rutielkwarts op in de primaire, gele energiestroom van dit centrum. Zijn schitterende gouden licht verhoogt de vibratie en uitstraling van onze innerlijke zon, waardoor we zelfbewust onze innerlijke vreugde, schoonheid, harmonie en grootmoedigheid tot uitdrukking kunnen brengen.

De gouden lichtschichten van rutielkwarts helpen ons hier vooral goddelijke eigenschappen in de omgang met onze innerlijke gedrags- en reactiewijzen te ontwikkelen, de verantwoordelijkheid voor hun effecten te dragen en onszelf onder beheersing te krijgen. We bevrijden ons uit ons onbewust-zijn en uit emoties en gedragspatronen die ons afhankelijk maken van driften en begeerten. Aan waarachtige (zelf-)beheersing ligt liefde voor het leven ten grondslag.

In het *4e energiecentrum* smelten vele ons hart bedrukkende ervaringen door rutielkwarts als sneeuw voor de zon. Zijn gouden lichtschichten treffen onze gekwetste gevoelens en brengen daar de boodschap van de allesbegrijpende goddelijke liefde aan over. We verliezen onze angst om niet genoeg geliefd te worden en hoeven ons niet langer tegen de sterke kracht van de liefde te verzetten. We kunnen ons meer en meer met onze hartenergie openstellen en liefde in ons hart toelaten. De gouden lichtschichten dragen onze angst om opnieuw in onze openheid gekwetst te worden van ons weg.

In het zuivere gouden licht openen zich de poorten naar het binnenste van onze lichttempel, waar ons heilige genezing, zegening, wijding en inwijding in het heilige mysterie van het goddelijk zijn wacht. We mogen terugkeren naar onze goddelijke oorsprong, naar de Grote Moeder, naar de Hemelse Vader. We mogen onze goddelijke wedergeboorte beleven en ontvangen bewust onze goddelijke gaven voor dit leven. De almacht van de liefde ontplooit zich in onze menselijke en tegelijk goddelijke persoonlijkheid en wordt een zegen voor de mensheid en de aarde met al haar schepselen.

In het *5e energiecentrum* verlenen de lichtwezens van rutielkwarts onze talige expressie harmonie en schoonheid. De woorden die we schrijven of spreken zijn doortrokken van goddelijke geest en geven onszelf en anderen 'vleugels'. De gouden lichtschichten kanaliseren daarnaast harmoniserende, genezende energie naar de bronchiën, longen, luchtwegen en in het bijzonder schildklier. Dat heeft een balancerende invloed op eventuele stoornissen in de schildklierwerking; we maken ons los uit extreme gemoedsschommelingen en vinden nieuwe vitaliteit. Daardoor neemt ons welbevinden toe en krijgen we een harmonieus levensgevoel.

In het *6e energiecentrum* activeren de wezens van rutielkwarts met hun lichtschichten het gouden licht in ons 'goddelijk oog'. Onze wil stemt zich daardoor vastberadener en doelgerichter af op de vervulling van de goddelijke wil. In onze voorstellingen en gedachten, onze ideeën en idealen richten we ons op het hoogste. Goddelijke schoonheid openbaart zich in alles en we onderkennen de harmonie in al het geschapene.

In het *7e energiecentrum* begeleiden de gouden lichtschichten ons naar de hoogste mystieke ervaringen van het goddelijke licht. Onze weerstand, ons voorbehoud, onze angsten en blokkades - alles wat ons belemmert en remt smelt weg in de schitterende gouden lichtstroom. We komen op een onvoorstelbaar hoog niveau in contact met het eeuwig liefhebbende goddelijke bewustzijn.

Bij lichamelijke pijn en ziektes kunnen we veel baat vinden bij een rutielkwarts in de vorm van een ovale cabochon op elk energiecentrum. De gouden lichtschichten ervan doorstromen binnen de kortste keren de disharmonieus vibrerende lichaamscellen met harmonie uit de liefde van onze schepper voor ons.

Ingeval iemand tot innerlijke verscheurdheid in zijn gevoels- en gedachtenwereld neigt, of wanneer hij niet weet wat hij wil of zijn krachten verspilt, doen we er goed aan op elk energiecentrum een druppelvormige rutielkwarts op te leggen. De druppelvorm verenigt de tegendelen en brengt ze in volmaakte schoonheid tot uitdrukking: het afgeronde, ontvangende en de doelgerichte punt.

Een ronde cabochon van rutielkwarts op ieder energiecentrum brengt harmonie in ons denken. Wanneer we ons te veel zorgen maken, geen rust vinden, steeds aan het ergste denken, kanaliseren de lichtdragers van rutielkwarts langs hun gouden lichtschichten en via deze afgeronde vorm krachtige lichtgedachten naar ons.

In heel andere dimensies stroomt de energie van rutielkwarts, wanneer we op elk energiecentrum een piramide van deze kwartssoort opleggen. Daardoor wordt de ontraadseling van het heilige mysterie geactiveerd en worden we in staat gesteld in het gouden licht op te gaan.

Met op elk energiecentrum een eivormige rutielkwarts maken we het mogelijk dat het nieuwe begint; via elke lichtschicht worden we door de hoogste scheppingskracht ondersteund en geactiveerd.

Met een kogel van rutielkwarts op elk energiecentrum komen we in vibraties van de heilige genezing. Onze diepste verwondingen worden door de hoogste goddelijke liefde aangeraakt, waardoor we onze eigenzinnigheid en zelfmedelijden opgeven en ons kunnen openstellen voor de zegen der genezing. We zijn er diep van doordrongen dat we de pijn van de verwonding niet meer nodig hebben om met onze schepper in contact te blijven. We komen tot een oneindig verblijdende vereniging in het licht.

ZEVEN CHRYSOPRAZEN

'Sterf en word', regeneratie

Met op ieder energiecentrum een chrysopraas vloeit er een zacht schemerende appelgroene lichtstroom door onze energiestelsels, door onze levensstroom. Het met licht doorstroomde groen ervan stijgt op in de grote kosmische lichtstroom en roept zijn wezens naar de aarde. Dit zachte groen brengt ons, langs de chrysoprazen en hun in dit groen schemerende lichtwezens, de kracht tot regeneratie, tot vernieuwing. We worden er vrijer door in ons omgaan met 'sterf en word', met nemen en geven. Onze angst voor het nieuwe, voor het onbekende, voor grote verandering, voor totale overgave aan het leven verhindert dat we tot een natuurlijke uitwisseling van energie komen. De lichtwezens van chrysopraas nu maken met hun groen voor ons de weg vrij voor natuurlijke genezing en verlossen ons van de angst om te sterven, om ons totaal over te geven, aangezien ze ons met onze lichtgeboorte in de geestelijke wereld verbinden. We ervaren niet alleen de ene zijde - de dood op het niveau van de stof - maar ook de andere zijde - de geboorte van onze ziel op het niveau van de geest. Ons ware zelf is onsterfelijk en alleen zijn vibratietoestand verandert, wisselt van niveau, maakt gebruik van verschillende lichamen.

Op vele terreinen van ons leven leren we onze angst te laten varen en kracht, vreugde, spontaniteit toe te laten. De reiki-behandeling met chrysoprazen wordt zo een verjongingsbron, die steeds weer opnieuw onze vitaliteit, ons 'Ja' tegen het leven vernieuwt en ons steeds weer heerlijk fris en in zachte schoonheid laat stralen.

Chrysoprazen op de zeven energiecentra

In het *1e energiecentrum* stroomt het zachte groen van chrysopraas naar onze bestaans- en doodsangsten. Dat bewerkstelligt op lichamelijk niveau dat afgestorven delen zich gemakkelijker oplossen, zieke cellen genezen en nieuwe en gezonde cellen zich sneller kunnen vermeerderen. In onze omgang met het alledaagse leven voelen we ons bevrijd van de vrees of we wel zullen slagen in alles wat we ons voorgenomen hebben. We staan opener voor nieuwe impulsen en de zich steeds verjongende en vernieuwende vitaliteit van ons lichaam.

In het *2e energiecentrum* verbindt het fijne, zacht schemerende groen van chrysopraas zich met onze angsten op het gebied van relaties: met onze angst voor het verliezen van mensen van wie we houden, met onze angst om ons met vreemde en anders lijkende mensen in te laten. Het glanzende groen van de lichtwezens van chrysopraas ontsluit voor ons nieuwe ervaringsgebieden en nieuwe mogelijkheden voor het omgaan met de 'jij'; het brengt vernieuwing in onze relaties en maakt deze tot een levenselixer voor onszelf en voor anderen.

In het *3e energiecentrum* geeft de groene energiestroom van chrysopraas en zijn lichtwezens ons een zich steeds vernieuwend zelfvertrouwen. We bevrijden ons van de druk om onszelf en onze omgeving te bewijzen dat we sterker, beter, machtiger, groter enz. zijn dan anderen. We leren ons te laten meegaan op de stroom van het geven en nemen, zonder te willen 'uitdelen' en te hoeven 'incasseren'. Ons natuurlijk gezag en onze natuurlijke schoonheid ontvouwen zich en stralen uit.

In het *4e energiecentrum* komt de chrysopraas tot een speciale verbinding met een van de twee primaire energiestromen (roze en groen) van het centrum. Zijn groen vitaliseert de groene lichtstroom van ons hartcentrum met zeer zachte energie, zijn lichtwezens stimuleren ons vermogen om van anderen te houden. We kunnen ons ontdoen van de pijn die na verwonding van deze liefde in ons hart is blijven bestaan, vooral de pijn in verband met het verlies van een geliefd mens of een scheiding; we overwinnen onze angst voor nieuwe scheiding. De regenererende kracht van chrysopraas bevrijdt ons van de herinnering aan zulke pijnlijke ervaringen en stelt ons in staat vrij de liefde in ons hart te volgen.

In het *5e energiecentrum* verzacht chrysopraas met zijn zachte groen irritaties van de luchtwegen en ademhalingsorganen. Op een ander niveau ondersteunt chrysopraas onze verbale expressie met de liefde in ons hart: onze woorden en de klank van onze stem zijn natuurlijk en vol liefde. Remmingen en problemen met het spreken lossen zich op in de energie van 'sterf en word'. We kunnen daardoor ook praten over datgene waar we eerder bang voor waren en worden met ervaringen van succes beloond.

In het *6e energiecentrum* vitaliseert chrysopraas met zijn groene lichtstroom en zijn lichtwezens het gezichtsvermogen van onze ogen met regeneratiekracht. Maar ook ons derde oog, ons 'goddelijk oog', wordt geactiveerd. We kunnen daardoor die voorstellingen, gedachten, zelfconcepten, ideeën en idealen die niet bevorderlijk zijn voor onze geestelijke ontwikkeling, laten 'sterven' en nieuwe impulsen en ingevingen toelaten en er gehoor aan geven. Dat heeft tegelijkertijd een verfrissende invloed op ons denken, dat ons veelvuldig met vastlopende of in een kringetje ronddraaiende gedachten vermoeit.

In het *7e energiecentrum* laat de chrysopraasenergie ons bewust worden van 'alles' en 'niets'. We gaan hoe langer hoe meer inzien dat alles wat we ons kunnen voorstellen en waarnaar we zouden kunnen verlangen, er reeds is. En toch komt er niets in ons aardse leven wat er niet zou moeten zijn en wat niet met liefde beleefd zou kunnen worden. Maar pas door liefde worden het afstand doen en tegelijkertijd de vorming en ervaring van het nieuwe mogelijk. Dat is het geheim van regeneratie.

Wanneer we in het algemeen vernieuwende kracht nodig hebben, die ons op alle niveaus helpt het oude los te laten en ruimte te geven aan het nieuwe, is een (zelf-)behandeling met reiki in combinatie met getrommelde chrysoprazen de aangewezen methode. Het zachte groen doorstroomt onze energiestelsels met de kracht der natuur.

Een ovale chrysopraascabochon op elk energiecentrum kan vooral bij lichamelijke ziekte, na een operatie, bij een verstoorde, zieke celgroei, bij weefselstoornissen enz. het regeneratieproces bevorderen. Ook bij het natuurlijke vermoeidheids- en verouderingsproces van het lichaam kan dit onze lichaamskrachten verfrissend vitaliseren.

Ingeval we bang zijn voor nieuwe gedragswijzen, ervaringen en levenssituaties, kunnen druppelvormig geslepen chrysoprazen ons meer vertrouwen in de kracht der liefde geven. Daardoor verliest onze angst zijn macht over ons en transformeert in natuurlijke levendigheid en schoonheid. Bovendien overwinnen we onze angst voor het sterven, voor overgave en onzelfzuchtigheid, voor de dood en vinden we innerlijk vrede.

Willen we ons heel bewust van het 'sterf en word', van het vergankelijke en eeuwige worden, en een nieuwe levensbeschouwing en nieuwe zelfconcepten en handelingspatronen ontwikkelen, dan doen we er goed aan op ieder energiecentrum een ronde chrysopraascabochon op te leggen. Onze geest beseft zijn onsterfelijkheid en ons denken verruimt zich en kwelt ons niet langer met zinloze vragen naar de zin van lijden en leven. We bezien komen en gaan in de grote kosmische samenhang.

Een reiki-behandeling met op ieder energiecentrum een chrysopraas is kortom zinnig, wanneer we naar vernieuwing, regeneratie verlangen en wanneer we, op wat voor niveau ook, met de dood geconfronteerd worden en graag op een natuurlijke en bevrijde manier willen omgaan met het geven en nemen.

ZEVEN ROZEKWARTSEN

Zachtheid, onvoorwaardelijke liefde, tot bloei komen

Wanneer we bij een reiki-behandeling op elk energiecentrum een rozekwarts opleggen, straalt er versterkt rozekleurig licht uit. Het stijgt op in de kosmische roze lichtstroom en brengt de lichtwezens van rozekwarts een zo liefdevolle lichtgroet van de aarde, dat ze zich aangetrokken voelen en in hun zacht glanzend roze naar ons toekomen. Ze vitaliseren het roze in onze levensstroom en energiestelsels en vervullen ons van onvoorwaardelijke liefde. Met deze zeer zacht schemerende rozekwartsenergie wordt in ons de grote kracht der zachtheid gestimuleerd. Dank zij deze kracht kunnen we met oneindige goddelijke wijsheid, liefde en goedheid iedere tegenstand, iedere disharmonie, iedere onvolkomenheid wegsmelten en het schone, fijne, liefelijke als een roos in ons tot bloei laten komen; uit de liefde in ons hart ontvouwt zich onze spiritualiteit met compassie voor al het geschapene.

Deze in het zachte roze van rozekwarts en zijn lichtwezens opbloeiende schoonheid en wijsheid van het hart brengt ons in innig contact met de essentie van de bovenpersoonlijke, onvoorwaardelijke, goddelijke liefde. De roze vlam van het begrijpen en vergeven, van het wegsmelten en opbloeien laait zo sterk in ons op, dat ons emotionele lichaam van negatieve, egoïstische vibraties gezuiverd wordt. Vele levens op aarde lang komen we steeds weer in aanraking met die levensstromen met welke we niet in harmonie verkeren, net zo lang tot we al onze liefdeloze, afwijzende, negatieve, destructieve gevoelens overwonnen hebben doordat we ze met onvoorwaardelijke liefde begrijpen en vergeven.

De essentie van liefde heeft rozekwarts gemeen met reiki. Het samenwerken van de twee krachten intensifieert in ons het verlangen om in harmonie met al wat leeft te verkeren, om met het goddelijke in onszelf en in alles te versmelten en met de tot bloei gekomen wijsheid in ons hart in volmaakte schoonheid te leven en lief te hebben.

Rozekwartsen op de zeven energiecentra

In het *1e energiecentrum* verhoogt rozekwarts met zijn zachtheid de kwaliteit van ons leven. De actieve, werkzame, op bestaanszekerheid en welvaart gerichte energie van dit centrum wordt verrijkt met het streven naar spirituele ontwikkeling. De goddelijke zin van ons bestaan, onvoorwaardelijke liefde openbaart zich en stroomt door ons en motiveert ons er meer en meer toe met alle ons ter beschikking staande krachten de essentie van liefde in ons leven en daardoor op aarde tot uitdrukking te brengen.

In het *2e energiecentrum* werkt de rozekwartsenergie in op onze betrekkingen met de 'jij'. In het licht van de roze vlam der liefde worden onze relaties en betrekkingen uit negatieve, remmende vibraties losgemaakt en getransformeerd in vruchtbare, creatieve verbintenissen, waarin ieders schoonheid naar voren kan komen. We steunen elkaar wederzijds en groeien samen spiritueel.

In het *3e energiecentrum* helpt de zachte rozekleurige schittering van rozekwarts en zijn lichtwezens ons 'weg te smelten'. We worden in ons zelfbewustzijn tegelijk deemoedig en sterk. Ook onder grote gemoedsschommelingen en extreme ervaringen kunnen we nog steeds harmonie vinden en we brengen op onze heel persoonlijke wijze de grote kracht der alliefde tot uitdrukking. Het bloeien van onze ziel weerspiegelt zich in schoonheid in onze omgeving en geeft ons voorkomen en onze uitstraling iets kostbaars, verfijnds.

In het *4e energiecentrum* ondersteunt het roze van rozekwarts de rozekleurige primaire energiestroom van het centrum; de andere primaire stroom is groen. De lichtwezens van rozekwarts activeren daardoor in hoge mate de roze vlam van de goddelijke liefde, de zuivere liefde in het hart. Het is de hogere, onvoorwaardelijke liefde die alles begrijpt en vergeeft. Ze is vrij van alle menselijke verwachtingen, afhankelijkheid en negativiteit. Evenredig aan de mate waarin we deze liefde toelaten en in ons leven op aarde tot uitdrukking brengen, groeit de wijsheid in ons hart en daardoor onze spiritualiteit. Het is de schoonheid die vanbinnen uit komt en iedereen rechtstreeks in zijn hart en ziel raakt.

In het *5e energiecentrum* oefent rozekwarts invloed uit op ons taalgebruik en de manier waarop we ons verbaal uitdrukken. Onze communicatie verliest hoe langer hoe meer 'ondertonen' van ergernis,
verwijten, geringschatting, jaloezie. De liefde in ons hart klinkt door
in wat we zeggen. Tegelijkertijd bevrijdt dat ons van eventuele druk
op ons hart en onze borst, aangezien deze wijze van communiceren
'opbouwend' is en onze gemoedsstemming verheft.

In het *6e energiecentrum* stroomt de rozekwartsenergie met haar
zachtheid ons 'goddelijk oog' binnen. Ze maakt ons ontvankelijk voor
het schone, bevrijdt ons van aanmatigende zelfconcepten en brengt
ons dichter bij ons waarachtig goddelijk bestaan. De roze vlam van
onvoorwaardelijke liefde laat onze neiging om te (ver)oordelen, om
overdreven streng en autoritair te zijn wegsmelten. Daardoor kunnen
we wijs zijn in ons doen en laten en voor velen een voorbeeld zijn,
zonder dat we dat per se willen of er bewust opuit zijn.

In het *7e energiecentrum* bewerkstelligt rozekwarts dat ons, door
onze waarneming van het hoogste, de liefde en schoonheid van de
lichtwereld geopenbaard worden. Dat voedt ons diepste verlangen
naar versmelting met het goddelijke.

We kunnen vooral dan veel baat vinden bij een reiki-behandeling
in combinatie met rozekwarts, wanneer we ontevreden met onszelf
en de wereld zijn of wanneer we met sterke tegenstand in onszelf of
onze omgeving te kampen hebben of zonder liefde zijn. Ze is nuttig
wanneer we de grootse kracht der zachtheid beter willen leren kennen en graag het verfijnde, liefdevolle tot uitdrukking willen brengen.

Willen we het zachte in ons aan het vibreren brengen, om zo tegenstand of blokkades weg te smelten, dan kunnen we in een trommel
geslepen rozekwartsen op onze energiecentra opleggen. Door bepaalde vormen uit te kiezen kunnen we de energie van rozekwarts naar
specifieke gebieden van ons wezen geleiden.

Met een ovale rozekwartscabochon op elk energiecentrum leren we
met veel zachtheid met ons lichaam, met de behoeften en pijn ervan
om te gaan. We krijgen liefdevol toegang tot de organen en functies
van ons lichaam. Daardoor kan er een liefelijke, weldadige, fijne harmonie door ons lichaam stromen, die er genezing en gezondheid aan

brengt. We worden ons bewuster van de subtiele processen en samenhangen van ons lichaam en houden van en respecteren het wonder ervan.

Een druppelvormig geslepen rozekwartscabochon laat ons zieleleed smelten en maakt ons gevoelig voor de schoonheid van onze ziel, die graag tot bloei wil komen. Dat kan bijzonder heilzaam zijn, wanneer we onszelf steeds weer kwellen met pijnlijke ervaringen en gevoelens uit het verleden, die we maar niet van ons af kunnen zetten.

Met een ronde cabochon van rozekwarts op elk energiecentrum maken we het mogelijk dat ons denken doortrokken raakt van de liefdevolle wijsheid in ons hart en we ons van negatieve gedachten ontdoen. Ons bewustzijn opent zich voor de essentie der liefde, die het verfijnde, edele, schone, zachte in ons tot ontluiking laat komen.

We kunnen nog bewuster in liefde leven door op ieder energiecentrum een piramide van rozekwarts op te leggen. Richten we de piramide met een van de hoeken naar het hoofd, dan stroomt er van hogere niveaus afkomstige onvoorwaardelijke liefde naar ons aards bestaan en concentreert en structureert ons in liefdevolle afstemming. Is een van de zijvlakken van de piramide naar het hoofd gericht, dan zenden wij onze spirituele liefde naar 'boven' en stellen de kosmos deze kracht ter beschikking. Boven ons vormt zich een roze uitstralende lichtpiramide met liefdevolle, genezende energie voor de aarde en de mensen in onze omgeving.

Met op elk energiecentrum een ei van rozekwarts raken onze creatief-scheppende krachten nauwer verweven met onze zich ontwikkelende spiritualiteit. We kunnen daardoor concreter uitdrukking geven aan onze persoonlijke ervaring van onvoorwaardelijke liefde en anderen helpen door onvoorwaardelijke liefde genezing te vinden. Onze drang om niet alleen onszelf maar ook anderen reiki te geven wordt sterker en we kunnen er een geschikt 'kader' voor vinden.

Een kogelvormige rozekwarts op elk energiecentrum versterkt en vervult ons hunkeren om in de roze vlam één te worden met god, ons hunkeren naar de zachtheid en schoonheid van onvoorwaardelijke liefde. We worden ons volkomen bewust van de werkzaamheid van deze alliefde. Dank zij deze kracht valt al onze tegenstand weg en krijgen we groter vertrouwen in de eindeloze liefde.

ZEVEN CHALCEDONEN

Verbale communicatie, 'redenaarssteen'

Chalcedonen zijn lichtblauwe stenen, waar vaak witte golvende lijnen door lopen. Wanneer we ze bij een reiki-behandeling op elk energiecentrum opleggen, vloeien er lichtblauwe golven met witte schuimkoppen door onze levensstroom en energiestelsels. Het lichtblauw ervan, met witte golven erin, stijgt op in de grote kosmische lichtblauwe kleurstraal en roept zijn lichtwezens naar de aarde. Via de chalcedonen steunen ze ons in onze verbale expressie en helpen ons onze gedachten en gevoelens, alles was ons 'bezighoudt' beter door middel van het medium taal uit te drukken en het zo te verklanken dat we 'gehoord' worden. Met chalcedoon leren we dusdanig communiceren dat het door anderen aanvaard en begrepen kan worden, met kracht maar enerzijds zonder te 'exploderen' en anderzijds zonder het 'in te slikken'.

Chalcedonen op de zeven energiecentra

In het *1e energiecentrum* zorgt chalcedoon er met zijn lichtwezens voor dat we beter kunnen praten over onze existentiële gevoelens en angsten, wensen, behoeften, verlangens, plannen en doelen. Op een ander niveau bewerkstelligen de lichtblauwe, wit gewolkte vibraties dat we vloeiend gaan communiceren, wanneer we woedend, agressief of overdreven bang en geremd zijn.

In het *2e energiecentrum* maakt chalcedoon ons creatief en fantasievol in onze communicatie met onze gesprekspartners. We kunnen kenbaar maken wat ons bezighoudt, wat we van de ander verwachten, welk angsten ons remmen, welke voorstellen en ideeën we in kunnen brengen enz. In dit energiecentrum helpt chalcedoon ons flexibeler en beweeglijker in onze communicatie te worden; onze verbale expressie wordt vloeiend, gaat 'stromen', en we hebben er plezier in.

In het *3e energiecentrum* bevordert chalcedoon met zijn blauw-witte golfvormige vibraties dat we via de taal kunnen uitdrukken wat ons 'zwaar op de maag ligt'. We worden ertoe aangespoord het 'doorgeslikte' niet lichamelijk - bij voorbeeld in de vorm van een geïrriteerde maag, braken of diarree - te elimineren, maar te vertellen wat ons 'getroffen' heeft en op welke wijze. We leren vanuit ons midden te communiceren, met aangenaam zelfvertrouwen en plezierige stem.

In het *4e energiecentrum* wordt het spreken van ons hart bevorderd. We kunnen wat we in ons hart voelen, onze liefde net zo goed als onze diepste verwondingen, vernederingen en afwijzingen, beter in woorden uitdrukken. We hoeven ons daardoor niet langer beledigd terug te trekken en onszelf en anderen daarmee te straffen. Het mooie en liefdevolle van ons wezen kan sterker tot uitdrukking komen.

In het *5e energiecentrum* vloeit het lichte blauw van chalcedoon samen met de primaire lichtstroom, die eveneens blauw is. Daardoor ontstaat er beweging in dit centrum, niet stormachtig of heftig, maar zacht gelijk de lichtblauw-witte golven van de steen. We worden gesterkt in onze bereidheid en vaardigheid om ons via taal kenbaar te maken aan anderen en met hen tot uitwisseling te komen. Onze verbale expressie wint aan kracht en wordt vloeiend. We leren met taal te 'spelen', creatief te zijn, contacten te leggen en, mochten we het willen, met 'heel de wereld' te communiceren. Chalcedoon stimuleert in dit energiecentrum, dat ook wel het communicatiecentrum genoemd wordt, onze woordenvloed en zelfexpressie door middel van taal; we worden ertoe aangemoedigd onze remmingen te overwinnen en ontwikkelen een gevoel voor het juiste woord op het juiste moment.

In het *6e energiecentrum* bevordert chalcedoon onze innerlijke communicatie met de geestelijke wereld. Op een vanzelfsprekende wijze 'praten' we met geestelijke leidsmannen, helpers, engelen, opgestegen meesters. Daardoor krijgen we nieuwe mogelijkheden om ons met de lichtwezens in verbinding te stellen en met hen tot een uitwisseling van energie te komen.

In het *7e energiecentrum* werkt chalcedoon in op onze communicatie met de 'hoogste'. We gaan ons meer op onze innerlijke stem verlaten en geven gehoor aan uit de lichtwereld afkomstige inspiratie. Ons mediteren en bidden wordt echt communiceren met God.

We combineren een reiki-behandeling met chalcedonen, wanneer we ons verbaal vloeiender en beter willen uitdrukken, of het nu mondeling of schriftelijk is. Dat zal natuurlijk vooral het geval zijn als de situatie erom vraagt, bij voorbeeld in geval van een voordracht, een moeilijk artikel, een belangrijk gesprek, het schrijven van een sollicitatiebrief, een boek of een bericht, of wanneer we in onze expressie geremd worden.

Getrommelde stenen kunnen we het beste gebruiken, wanneer we graag in het algemeen vloeiender en luchtiger willen communiceren.

Tot cabochon geslepen chalcedonen bevorderen ons communicatievermogen op verschillende niveaus. Met een ovale chalcedoon op elk energiecentrum kunnen we remmingen gemakkelijker overwinnen en gemakkelijker datgene meedelen wat we onderdrukt, 'doorgeslikt' hebben. Een ronde cabochon rondt daarentegen eerder ons taalgebruik af; hij geeft er de 'finishing touch' aan en heeft daardoor ook een zeer gunstige invloed op onze schriftelijke communicatie. Wanneer we verbaal creatief en scheppend willen zijn en ons op een nieuwe wijze willen uitdrukken, vinden we baat bij een eivormige chalcedoon op ieder energiecentrum. Een kogel van chalcedoon op elk energiecentrum ten slotte bevordert onze communicatie op wereldschaal en onze welsprekendheid daarbij.

ZEVEN AQUAMARIJNEN

Balsem voor de ziel, heilige genezing

Met een aquamarijn op ieder energiecentrum ontstaat er een schitterend blauw lichtkanaal, dat ons volkomen met dit lichte blauw doorstroomt. Het stijgt verder op in de wereld van het licht, naar de lichtwezens van de lichtblauwe straal in het universum. Langs dit lichtkanaal komen de lichtwezens van aquamarijn met hun schitterende blauw in onze levensstroom en energiestelsels en brengen ons daardoor balsem voor onze ziel. Het is de liefdevolle, genezende troost van onze schepper voor onze gevoelens van eenzaamheid, in de steek gelaten en geïsoleerd zijn, onrechtvaardigheid, voor onze zielewonden. Met aquamarijn stromen de diepte der zee en de oneindige ruimte van de door de zon verlichte hemel door ons en kunnen we ruimdenkend en vrij zijn en tegelijk ons toch ook beschermd voelen. Het lichte blauw van aquamarijn stimuleert daarnaast in onze ziel het verlangen om een geneeskanaal voor goddelijke genezende energie en voor heilige genezing te zijn. Geregeld leidt een aquamarijn ons, zonder dat we het in de gaten hebben, naar reiki en bevordert ons functioneren als een kanaal voor reiki.

Door de combinatie van het lichte blauw van aquamarijn en reiki kan er op verschillende niveaus heilige genezing plaatsvinden. Aanvankelijk gebruiken we deze energie misschien louter om onze eigen gekwetste gevoelens te 'genezen' en ons in het lichte blauw te 'baden'. Geven we echter vaker een (zelf-)behandeling met reiki en aquamarijnen, dan zullen daardoor in onze psyche vermogens voor het ontvangen en doorgeven van goddelijke geneeskracht geactiveerd worden. Bovendien kunnen we zeer speciale gaven en vaardigheden in verband daarmee ontwikkelen, waardoor de door ons stromende goddelijke geneeskracht aanzienlijk versterkt wordt.

Aquamarijnen op de zeven energiecentra

In het *1e energiecentrum* brengt aquamarijn met zijn in het lichte blauw schitterende wezens ons meer ruimte en vrijheid in onze existentiële behoeften en doelen. We kunnen ons daardoor in het gewone leven meer en meer bevrijden van door onszelf opgelegde dwang. We komen in contact met onze grenzeloze mogelijkheden om problemen, eisen en uitdagingen de baas te worden. We staan opener tegenover constructieve samenwerking met anderen en ook met onze geestelijke leiders en begeleiders in de wereld van het licht. In het diepste van onze ziel ervaren we dat we niet alleen zijn.

In het *2e energiecentrum* bevordert het lichte blauw van aquamarijn op zijn manier ons 'stromen' en onze omgang met onze omgeving. Het spoort ons ertoe aan van ziel tot ziel te communiceren. En het stimuleert ons ertoe relaties en betrekkingen aan te gaan die ons op de proef stellen en door welke we 'heel' kunnen worden.

In het *3e energiecentrum* stroomt de energie van aquamarijn met zijn lichthelpers als balsem naar onze gekwetste gevoelens van eigenwaarde. We kunnen daardoor een uitweg uit beperkende gevoelens en denkwijzen vinden en meer perspectief, overzicht en allesomvattend bewustzijn ontwikkelen. We leren dat we niet per se in het middelpunt van het gebeuren hoeven te staan. Op de achtergrond staand stralen we een heilzame rust uit.

In het *4e energiecentrum* leidt aquamarijn ons naar een zegenrijk inzicht: dat wat we begeren, dienen we genereus weg te geven. Ons hartcentrum stroomt over van liefde uit een nooit opdrogende goddelijke bron. Door deze liefde zijn we steeds bereid overvloedig liefde, begrip, genegenheid, waardering en dankbaarheid te tonen en 'weg te geven', in plaats van het van anderen te eisen of te verwachten.

In het *5e energiecentrum* gaat het lichte blauw van aquamarijn op in de primaire energiestroom van het centrum en stimuleert daardoor zowel onze verbale communicatie met onze medemensen als onze communicatie met onze vrienden in de geestelijke wereld.

Onze lichtvrienden kunnen ons zo gebruiken als een lichtkanaal voor het overbrengen van heilzame boodschappen en geneeskrachtige energieën. Degenen die deze boodschappen ontvangen, merken aan de kwaliteit van de gekanaliseerde energie dat deze weliswaar *via* ons, maar niet *van* ons afkomstig zijn. Heilige genezing raakt ons in ons diepste wezen, zowel bij het geven als bij het ontvangen. We kunnen ons van door onszelf opgelegde druk en dwang bevrijden en negatieve communicatieve uitwisselingen beëindigen. Geremd zijn bij het spreken is vaak een gevolg van stress. Te grote spanning of verwachtingen en eisen drukken zwaar op ons. Het schitterende blauw van aquamarijn geeft ons hier het noodzakelijke perspectief om afstand te nemen en zonder angst te communiceren.

In het *6e energiecentrum* neemt ons 'goddelijk oog' de lichtenergie van aquamarijn op. Daardoor verruimt onze blik zich en stijgen we boven onze bekrompen visie uit. Ons genezend bewustzijn wordt sterker en we worden ons hoe langer hoe bewuster van de samenhangen tussen geest en stof en de gevolgen van ons denken, voelen en doen. Onze negatieve gedachten transformeren in genezing brengende gedachten. We denken na over hoe we anderen kunnen helpen. Ons inzicht leidt tot overleg: we gaan onszelf en anderen beter begrijpen.

In het *7e energiecentrum* brengt de oneindige uitgestrektheid en vrijheid in het lichte blauw van aquamarijn ons dichter bij de ontsluiering van ons heilig mysterie. Bij ieder van ons is in onze levensstroom een goddelijk plan 'ingebouwd', volgens welk we behoren te leven en via welk wijsheid zich openbaart en op aarde tot verwerkelijking komt. Door de aquamarijnenergie worden de vibraties van het kruincentrum zoveel mogelijk bevrijd van beperkende, begrenzende verwachtingen, zodat er genezing kan plaatsvinden, ook wanneer we het niet verwachten. In deze dimensie bevordert aquamarijn onze bereidheid en vaardigheid om, zonder onszelf te beperken, genezing toe te laten.

Ingeval we ons door zorgen, noodzaken, plichten, dwang enz. overstelpt voelen en naar meer rust en vrijheid verlangen, is het het beste de reiki-behandeling te combineren met een getrommelde aquamarijn op elk energiecentrum.

Tot cabochon geslepen aquamarijnen schenken extra balsem voor onze ziel. Ovale vormen gebruiken we wanneer we lichamelijke pijn hebben die een gevolg is van stress. Druppelvormige aquamarijnen zijn nuttig wanneer we onder eenzaamheid gebukt gaan, behoefte aan extra troost en compassie hebben en ons van beperkende gedragswijzen en betrekkingen willen bevrijden. We kiezen ronde vormen uit wanneer we bewust genezende gedachten willen ontwikkelen. Door rechthoekige vormen kunnen we ons lichtkanaal-zijn sterker manifesteren en als een vast onderdeel in ons alledaags leven integreren.

Terwijl tot cabochon geslepen aquamarijnen een prachtig zachte geneeskracht activeren en kanaliseren, zijn met facetten geslepen aquamarijnen als schitterende sterren op onze energiecentra en in onze levensstroom. Ze verlichten in ons geneeskanaal onze gaven der heilige genezing en schenken ons grootse momenten.

Door ronde, gefacetteerde vormen te nemen zullen we ons bewuster worden van onze geneeskrachtige gaven. Met gefacetteerde druppelvormige aquamarijnen ontwaakt in onze ziel het verlangen om een kanaal voor genezing te zijn. Met ovale vormen ervaren we door middel van onze lichamelijke waarnemingen het stromen van goddelijke geneeskracht. Via rechthoekige vormen ten slotte krijgen we zeer veel steun uit de geestelijke wereld om hier op aarde een centrum van geestelijke genezing te laten ontstaan.

ZEVEN LAPISSEN LAZULI

Geloofskracht, goddelijke leiding, kosmische vrede

Door een reiki-behandeling met op elk energiecentrum een lapis lazuli gaat er diepblauw licht door ons stromen. Zitten er pyrietinsluitsels in de lapis lazuli, dan bevat de lichtstroom bovendien een gouden fonkeling. Dit diepe blauw draagt iets heiligs in zich en met zijn gouden stralen doet het ons aan de nachtelijke sterrenhemel denken. Wanneer deze lichtstroom, door reiki versterkt, door onze levensstroom vloeit, stijgt het diepe blauw met gouden 'sterrevonken' in de grote kosmische donkerblauwe kleurstraal op en roept de hoge geestelijke wezens naar de aarde. Ze komen vanuit het geboorteland van onze ziel, waar we elke nacht tijdens de slaap naar terug mogen keren, naar ons toe en laten ons bewust worden van goddelijke wijsheid. Kosmische vrede raakt de geloofskracht van onze ziel, waarmee we 'bergen kunnen verzetten'. Via de gouden fonkelende pyrietinsluitsels komen sterrekrachten uit onze lichtfamilie naar ons toe. Het zijn hoog-geestelijke helpers en leiders in het licht, die de taak op zich genomen hebben om onze individuele wil op de goddelijke wil af te stemmen en ons door middel van de activering van hogere intuïtie gevoelig te maken voor de goddelijke leiding. In deze energie vibrerend, krijgen we hoe langer hoe meer inzicht in het geboorteland van onze ziel en gaan daar steeds meer toe behoren. We voelen ons opgenomen in de universele processen en ontwikkelen verantwoordelijkheid voor onze waarnemingen, inzichten en doeleinden.

Lapissen lazuli op de zeven energiecentra

In het *1e energiecentrum* wekt het diepe blauw van lapis lazuli met de gouden pyrietfonkeling in ons het geloof en vertrouwen in onze vermogens en krachten op; daardoor kunnen we, afgestemd op de grote energiestroom van goddelijke wijsheid en leiding, de existentiële eisen van ons aardse leven de baas worden.

In het *2e energiecentrum* geeft het blauw ons groot vertrouwen in onze ontmoeting met anderen en onze omgeving en helpt het ons de zin van het samenzijn inzien. We ontdekken wat we voor elkaar kunnen doen, en misschien ook gemeenschappelijke taken, en leren hoe we voor anderen een steun en verrijking kunnen zijn, zonder onszelf daarbij weg te cijferen.

In het *3e energiecentrum* spoort lapis lazuli ons ertoe aan echt en waarachtig te zijn en in onszelf vrede en harmonie te vinden. Door onze versterkte geloofskracht kunnen we vol overtuiging datgene doen en uitdragen, wat zich aan wijsheid aan ons openbaart. Onze persoonlijkheid straalt wijsheid uit goddelijke bron uit.

In het *4e energiecentrum* verbindt de goddelijke wil zich via lapis lazuli met de liefde in ons hart en versterkt zo in ons het vertrouwen om de wijsheid van deze liefde toe te laten en er in ons leven gestalte aan te geven. De grote geloofskracht van onze ziel krijgt toegang tot de liefde in ons hart en bevrijdt ons van de angst niet geliefd te worden. Ten gevolge van deze angst gaan we vaak compromissen aan en laten we ons verwonden en verwonden we anderen. Met de groeiende liefde in ons hart vinden we ons ware zelf en hoeven we niet meer te vrezen niets 'waard' te zijn. We zijn niet langer afhankelijk van de waardering van anderen en kunnen ons in vertrouwen aan de allesomvattende macht van liefde en ons daardoor groeiende gevoel van eigenwaarde overgeven.

In het *5e energiecentrum* bevordert het prachtige blauw van lapis lazuli onze communicatie en verbale expressie. We gaan het belang van communicatie onderkennen en ook dat we soms iets 'doodpraten'. We krijgen vertrouwen in de uitwerking van onze woorden en leren heel bewust te communiceren en in ons spreken wijs en krachtig te zijn. De hoge wezens van de gouden pyrietinsluitsels dragen de klank en inhoud van onze woorden over heel wereld, zodat al die mensen naar ons toe geleid worden aan wie we iets uit de bron van goddelijke wijsheid te vertellen hebben.

In het *6e energiecentrum* vloeit de energie van lapis lazuli samen met de primaire, diepblauwe energiestroom van dit centrum. Ons vertrouwen in de goddelijke leiding wordt daardoor in hoge mate vergroot en wijsheid kan zich in ons alledaagse leven openbaren. We ervaren steeds weer wat het betekent als we ons vol vertrouwen laten leiden. Ons leven transformeert zich in het licht van deze steeds weer ervaarbare goddelijke wijsheid, die ons bewust laat worden van onze zwaktes en schaduwzijden, zodat we onze zwaktes tot sterke punten, onze schaduw tot licht kunnen maken en onze talenten tot waarachtige gaven. De door onszelf opgelegde begrenzingen vervagen, waardoor het 'onmogelijke' mogelijk en datgene waar we nooit op hadden durven hopen realiteit kan worden.

In het *7e energiecentrum* versterkt het diepe blauw van lapis lazuli ons geloof in God en zijn alomtegenwoordigheid. Verlost van alle twijfel richten we ons naar binnen en naar God en kunnen we ons aan de oneindige stilte overgeven. We vinden vrede in onszelf, en in die vrede komen we tot de wil van God en zijn allesomvattende wijsheid.

Met een reiki-behandeling in combinatie met lapis lazuli kunnen we onze geloofskracht vergroten en onze hogere intuïtie ontwikkelen, zodat we gevoeliger worden voor de goddelijke leiding en wijsheid. Altijd wanneer we aan onszelf of onze capaciteiten twijfelen, wanneer we niet weten wat we willen, wanneer we niet in onszelf 'rusten', heeft het diepe blauw van lapis lazuli een heilzame invloed op ons.

Met een in een trommel geslepen lapis lazuli op elk energiecentrum versterken we, in een reiki-behandeling, onze geloofskracht op alle gebieden van ons leven.

Met op elk centrum een cabochon van lapis lazuli wordt ons bewustzijn vervuld van vrede, stilte en wijsheid uit het geboorteland van onze ziel; de hoogste goddelijke inzichten kunnen zich openbaren. Door ovale vormen gaan we de zin van lichamelijke gebreken en ziekte en lichamelijk lijden inzien en ontwikkelen we voldoende geloofskracht om deze handicaps en evenwichtsverstoringen te overwinnen.

Een druppelvormige lapis lazuli stemt de grote geloofskracht van onze ziel af op onze goddelijke bestemming. We gaan steeds beter doorgronden wat onze bestemming en de zin van ons leven is en leren dank zij ons vertrouwen in de goddelijke leiding alle remmende angsten en invloeden te overwinnen.

Ronde vormen ronden onze voorstellingen en zelfconcepten af. Dank zij ons inzicht in de grote kosmische samenhang kunnen we onze (persoonlijke) weerstand opgeven.

Door eivormige lapissen lazuli stellen we steeds weer opnieuw vertrouwen in de onmetelijke goddelijke wijsheid. We stellen ons open voor het nieuwe dat zich, ten gevolge van de verhoogde gevoeligheid van ons bewustzijn, vanuit de wereld van het licht openbaart en op aarde geboren wil worden.

Een kogel van lapis lazuli op elk energiecentrum versterkt en vervolmaakt ons albewustzijn. Niets in ons leven kan nog ons vertrouwen in God aan het wankelen brengen. We zijn ons bewust van zijn wijze leiding en beschikking, doorzien de karmische wet van oorzaak en gevolg, en leren de verantwoordelijkheid voor ons denken, voelen en handelen te dragen.

ZEVEN AMETHISTEN

Transformatie, verlossing uit karma, het hoogste in alles

Met op elk energiecentrum een amethist vloeit er bij de reiki-behandeling een violette stroom door ons energiestelsels en stijgt op in de vibraties van de grote kosmische kleurstroom. Hier verenigt het met reiki geladen violet zich met de violette kleurstroom en de lichtwezens van de op het lichaam opgelegde amethisten. In de violette kleurstraal dalen ze naar ons af met de hoogste kleurvibratie die het menselijk oog kan waarnemen en stimuleren op alle vlakken het allerhoogste in ons. Het is een transformerende kracht, die ons van afhankelijkheid van en verwikkelingen in de materie verlost en ons naar de vervulling van onze creatief-scheppende krachten op hogere vlakken leidt. Onze zinnelijk-aardse hartstochten transformeren zich in passie voor onze goddelijke overgave, voor onze roeping.

Vooral een reiki-behandeling met een natuurlijke, ongeslepen amethistpunt op ieder energiecentrum en tussen onze voeten activeert de violette vlam in onze levensstroom, die karmische energieën 'verbrandt' en goddelijk genadig verlost en transformeert. Doordat er in ons bewustzijn een grote zuivering van verkeerd gebruikte, niet in goddelijke zin aangewende krachten plaatsvindt, worden we verlost van talloze schuldgevoelens, die zich in ons leven in de vorm van blokkeringen en levensangst, innerlijke verboden, liefdeloosheid jegens onszelf en anderen en ook ziekte en lijden manifesteerden.

Amethisten op de zeven energiecentra

In het *1e energiecentrum* helpt het violette licht van amethist en zijn lichtwezens ons onszelf te verlossen uit karmisch telkens terugkerende verwikkelingen, ten gevolge waarvan we op onze materiële en lichamelijke bestaansniveaus met mislukking en groot lijden te kampen hebben. We worden in staat gesteld op het hoogste bewustzijnsniveau genezing te ervaren. We laten ons hoe langer hoe meer motiveren door onze hoogste taak en niet langer alleen door vermeerdering van materieel gewin en aardse genoegens.

In het *2e energiecentrum* nemen we met behulp van amethist afstand van telkens weer de kop opstekende moeilijkheden in onze omgang met mensen met wie we in een nauwe relatie staan, b.v. onze familie, collega's en vrienden. We komen op een hoger niveau tot een nieuwe benadering van, een nieuwe instelling tegenover de 'jij', aangezien we het hoogste in de ander onderkennen en niet alleen maar datgene zien wat ons problemen oplevert.

In het *3e energiecentrum* transformeren tendenties tot angst, wantrouwen, arrogantie, machtswellust, onmacht, machtsmisbruik zich in het vermogen om moed, vertrouwen, zelfbewustzijn, deemoed, verantwoordelijkheid, kracht en sterk-zijn te ontwikkelen. Alle krachten in ons verenigen zich om het hoogste op onze eigen wijze tot uitdrukking te brengen. Daardoor bevrijden we onszelf van zelfzuchtige en egocentrische gedragspatronen en doeleinden.

In het *4e energiecentrum* brengt het violet van amethist de liefde in ons hart op een hoger plan, waardoor onze spiritualiteit en overgave aan het hoogste zich kunnen ontwikkelen en we ons heilig mysterie kunnen ontraadselen. Door deze vibratie gaat de grote, door onze ziel in het verleden bereikte wijsheid stromen en onthult ons verdere geheimen van het leven en hoe we ze in ons huidige leven zegenrijk kunnen toepassen.

In het *5e energiecentrum* bevordert de violette energiestroom van amethist onze geestelijke communicatie. We leren zo de grenzen van tijd en ruimte te overschrijden. Het hoogste in onszelf communiceert rechtstreeks met het hoogste in anderen, zonder dat zij lijfelijk aanwezig hoeven te zijn of zelfs maar in dezelfde tijd hoeven te leven.

In het *6e energiecentrum* verlost amethist ons van aanmatigende, egocentrische, op macht gerichte zelfconcepten. Het violet activeert onze hoogste intuïtie en zelfbezinning, waardoor we bewust de eenheid met lichtwezens, hun hiërarchieën en taken kunnen beleven.

In het *7e energiecentrum* vloeit de kracht van amethist over in de primaire, violette energiestroom van dit centrum. Ten gevolge van de activering ervaren we het mysterie van de goddelijke wedervereniging op het hoogste plan. Ons volkomen overgevend, bevrijden we ons van onze drang om het hoogste te willen ervaren via onze individuele persoonlijkheid; we storten ons zonder restricties in het 'niets' en ervaren in alles de goddelijke eenheid.

Bij een reiki-behandeling met amethisten kunnen we vooral veel baat hebben, wanneer we hunkeren naar het goddelijke in ons leven, naar transformatie van onze afhankelijkheid van materiële drijfveren, naar verlossing van steeds terugkerende negatieve ervaringen. Heel bijzonder is de reeds genoemde behandeling met ongeslepen amethistpunten op al onze energiecentra en tussen onze voeten, waarbij de punten naar het hoofd gericht zijn. Ze activeren de violette vlam, die ons van karmische belasting en eenzijdige gedragswijzen en oriënteringen bevrijdt en ons naar het goddelijke en ons geestelijk potentieel leidt. Dat kan vooral mensen helpen die met hun lot 'overhoop liggen', die ontevreden zijn of geen zin meer in hun leven zien, die belust op macht zijn of zichzelf steeds weer schade berokkenen, zonder in de gaten te hebben waardoor.

Getrommelde amethisten op ieder energiecentrum steunen ons op algemene wijze in ons verlangen om ons aan het geestelijke, aan transformatie, aan vergroting van ons bewustzijn te wijden.

Met tot cabochon geslepen amethisten versterken we onze toewijding aan het hoogste in relatie met ons aardse bestaan. Door ovale cabochonen op ieder energiecentrum kunnen we lichamelijk lijden overwinnen, doordat we karmische samenhangen doorzien en onszelf er met geestelijke hulp van kunnen verlossen. Met behulp van druppelvormige amethisten worden we ons bewust van drukkende gevoelens, die gelouterd willen worden en naar een oriëntering op het goddelijke streven.

Ronde cabochonen verrijken onze gedachtenwereld met hogere intuïtie en lossen in pijn uitmondende structuren in ons denken op. Rechthoekige amethisten helpen ons onze aardse afhankelijkheden in te zien en ons daarvan te bevrijden.

Gefacetteerde amethisten op de energiecentra helpen ons God in onszelf terug te vinden. We ervaren op vele uiteenlopende wijzen dat God niet buiten ons bestaat, maar in ons leeft en door ons werkzaam is.

Met ovale gefacetteerde amethisten stroomt de genezende kracht uit hoogste bron versterkt door ons. Ons bewustzijn wordt daardoor gevoeliger voor de samenhangen tussen ons fysieke lichaam en onze fijnstoffelijke lichamen en voor de inwerking daarop van negatieve dan wel positieve vibraties in onze omgeving. Druppelvormige gefacetteerde amethisten werken in op het hoogste spirituele potentieel van onze ziel en helpen ons onze ervaring van het goddelijke in onze persoonlijkheid tot uitdrukking te brengen.

Met behulp van ronde gefacetteerde amethisten leren we onze in ons aardse leven ontwikkelde vermogens en capaciteiten te gebruiken voor de ontplooiing en vervolmaking van onze geestelijke gaven. Onze spiritualiteit raakt in hoge mate doortrokken van goddelijk bewustzijn.

Iets speciaals is een reiki-behandeling met op elk energiecentrum een piramide van amethist. Daardoor wordt onze hoogste spiritualiteit geactiveerd en kan deze zich in ons aardse leven manifesteren. Richten we de piramide met een hoek naar het hoofd, dan stroomt er geconcentreerd violet licht, met zijn transformerende kracht, naar ons aardse bestaan. Aldus krijgt ons leven een spirituele oriëntering en veranderen onze behoeften, verlangens, begeerten en afhankelijkheden in geestelijke vrijheid, waarmee we bezield onze eigen spirituele vermogens kunnen ontwikkelen en anderen in hun transformatieproces kunnen begeleiden.

Richten we de piramide met een van de zijvlakken naar het hoofd, dan stroomt het violette licht zeer geconcentreerd naar boven. Het bevordert aldus de verdere ontwikkeling van onze spirituele wijsheid en vermogens en de transformatie van onze karmische belasting; het oefent daarnaast een transformerende invloed uit op misbruikte, verkeerd gekanaliseerde of nog niet aangewende geestelijke krachten.

ZEVEN BERGKRISTALLEN

Brengers van licht, zuiverheid, helderheid, doelgerichtheid, eenvoud

Wanneer we bij een reiki-behandeling op ieder energiecentrum een bergkristal opleggen, stroomt er zuiver licht door ons. Langs onze geactiveerde levensstroom stijgt het op in het zuivere licht van het universum. Het werkt daar in op een niveau waarop rond om de aarde het kristallicht, de Christuskracht, in de 'kring der kristallen' op heel bijzondere wijze manifest is. Hier vibreert ieder bergkristal zoals het op aarde gegroeid is of in de vorm waarin het geslepen werd als lichtkristal te midden van zijn lichtwezens. Als onze lichtstroom door de reiki-behandeling met kristallen in de 'kring der kristallen' aankomt, brengt dat één groot schitteren en stralen teweeg en roept de lichtwezens van de ons begeleidende bergkristallen naar ons op aarde. Ze brengen ons licht en herinneren ons aan de oerzee van het eeuwige licht, waaruit alles ontstaat en waarin alles terugkeert, en aan de sterke lichtkracht, waarmee Christus licht op aarde liet schijnen.

Bergkristallen zijn manifestaties van het licht waarin alle krachten nog in subtiele vibratie verenigd zijn en niet opgesplitst in kleurstralen en hun schakeringen. Hun zuivere licht verbindt zich niet alleen met het heldere licht in onze energielichamen en levensstroom, maar stroomt ook door alle kleurvibraties van onze energiecentra en de daarmee samenhangende energiestelsels, zodat alles in ons helderder, zuiverder en lichter wordt.

Telkens wanneer we naar zuivering, opheldering, orde en doelgerichtheid verlangen, is de uitstraling van het kristallicht, dat door reiki in een nog schitterender en geconcentreerder vibratie wordt gebracht, een prachtige ervaring, die ons door de kwaliteit van eenvoud naar totale harmonie leidt.

Bergkristallen op de zeven energiecentra

In het *1e energiecentrum* brengt bergkristal met zijn licht orde in ons dagelijks leven, waarin veel disharmonieert en dat niet altijd beantwoordt aan onze voorstelling van orde. We leren dat helderheid een ordeningsprincipe is. Alles wat we daarvoor nog gecompliceerd, onoverwinnelijk en moeilijk vonden, wordt aldus eenvoudig.

In het *2e energiecentrum* bevordert het zuivere licht van bergkristal dat we in onze relaties en contacten met anderen onze vooroordelen laten vallen. We fixeren ons niet langer eenzijdig op de schaduwzijden, op wat ons niet aan staat en ons voor problemen stelt, maar krijgen ook oog voor de lichte zijden, de goede eigenschappen, de schoonheid en de uniciteit van de ander.

In het *3e energiecentrum* krijgt onze persoonlijkheid door bergkristal en zijn lichtwezens een harmonieuze uitstraling. We zijn welwillend en toch doelgericht en zien en doen wat wezenlijk is. We leren vol te houden en ons te handhaven wanneer de situatie daarom vraagt, en niet omdat we onze macht aan onszelf of anderen willen bewijzen.

In het *4e energiecentrum* zuivert het licht van bergkristal ons hartcentrum van verkeerd begrepen (naasten)liefde en leert ons 'zuiver van hart' te zijn. We leren heel 'helder' jegens onszelf en anderen te zijn en ons niet in onze gevoelens te laten onderdompelen. In het binnenste van ons hartcentrum, het centrum van de liefde, laat het kristallicht de vlam van het eeuwige licht in ons oplaaien en maakt deze tot een levendig klaterende lichtbron, die zuiver en overvloedig zijn harmonie laat uitstromen.

In het *5e energiecentrum* bevordert bergkristal dat we helder zijn in onze verbale expressie. We leren op eenvoudige wijze het 'grootse' uit te drukken en door onze communicatie harmonie in een gesprek, in een ruimte, in onze omgeving te brengen, zodat 'duistere', disharmonieuze, negatieve vibraties en stemmingen zich oplossen.

In het *6e energiecentrum* zuivert het licht van bergkristal onze gedachten, denkwijzen, zelfconcepten, doelen en idealen van alles wat ons niet naar het licht leidt. We worden helder en ordentelijk in ons denken en goddelijke harmonie stuurt onze gedachten. Lichtbewustzijn verheldert onze intuïtie, waardoor we sterker met ons hogere zelf en al onze helpers in het licht verbonden zijn.

In het *7e energiecentrum* activeert het kristallicht onze hoogste vibraties. Enerzijds oefent dat een bevrijdende invloed uit op de blokkades ten gevolge waarvan we in ons leven nog steeds te eenzijdig op het materiële gericht zijn, anderzijds ontwikkelen we er hoe langer hoe meer ons vermogen door om in totale zuiverheid en eenvoud het licht uit de hoogste bron op te nemen en in en door ons op aarde tot werkzaamheid te laten komen.

Door een reiki-behandeling in combinatie met bergkristallen ontwikkelen we op alle levensgebieden een heldere, doelgerichte levensstijl. We kunnen onze schaduwzijden in het licht brengen en ze in goddelijke harmonie integreren. Doordat we onze zwaktes in het licht zien, ontwikkelen ze zich tot sterke punten. Dat heeft zo'n zuiverende, ontlastende en versterkende invloed op lichaam, ziel en geest, dat we deze behandeling eigenlijk geregeld zouden moeten geven.

Die invloed is vooral heel sterk, wanneer we op ieder energiecentrum een natuurlijke, ongeslepen punt van bergkristal opleggen, met de punt naar het hoofd gericht. Er vloeit dan een heldere lichtstroom door ons, die ons lichaam schoon maakt. Disharmonieuze, ziekte veroorzakende, negatieve, blokkerende energieën worden door deze sterke lichtstroom losgemaakt en kunnen in het licht wegvloeien. Ook op het vlak van onze gevoelens en gedachten vindt er op deze wijze een zuivering plaats. Een weldadige helderheid blijft achter en stelt ons in staat in alle eenvoud moeilijkheden, problemen en eisen bij de kop te pakken en te verwerken.

Met op elk energiecentrum een geslepen kristalpunt, waarvan ook de basis in een punt is geslepen, zodat het kristal dus twee tegenover elkaar liggende punten heeft, ontwikkelen we in de sterke lichtstroom tegelijk groot doorzettingsvermogen en grote flexibiliteit. Verhardingen en verstarringen, sterke blokkades worden door deze energiekwaliteit doorbroken en weer levendig aan het vibreren gebracht. Op lichamelijk niveau is dat bijzonder heilzaam bij stijfheid en verlamming.

Bij gebrek aan volhardingskracht worden op gevoelsniveau energieën geactiveerd die ons helpen helder en doelgericht te zijn en vol stuwkracht. We kunnen ons in ons denken helder op het te bereiken doel richten en concentreren en tevens realistisch de weg naar de verwezenlijking zien.

Met een piramide van bergkristal op ieder energiecentrum manifesteren we het licht in de vibraties van dat centrum. Richten we de piramide met een van de zijvlakken naar het hoofd, dan ontstaat in het betrokken centrum een lichtpiramide, die ons bewustzijn ertoe in staat stelt in een geweldige lichtstroom zijn aardse grenzen te overschrijden, zoveel mogelijk het lichaam en de aarde met haar belichamingen achter zich te laten en voor enige tijd terug te keren in een, door onze ziel gekende, lichttempel. Meestal is dat een bijzonder intense belevenis, die ons van hoge lichtvibraties vervult en ons in het geheim van het lichtleven inwijdt.

Richten we de piramide met een van de hoeken naar het hoofd, dan stromen er sterke geneeskrachten uit de lichttempel naar ons op aarde. Ze zuiveren en versterken ons aardse leven en brengen er de orde en harmonie van het licht in aan. Deze genezing is vooral op ons lichaam gericht en versterkt ons bewustzijn dat het lichaam een vat voor onze ziel is, dank zij welk ze hier op aarde kan bestaan. Wanneer dit vat eenmaal gezuiverd is, wordt het een tempel van licht voor onze ziel, die daardoor het goddelijke licht op aarde kan laten schijnen en verspreiden.

De reiki-behandeling met bergkristalpiramiden heeft een zeer intense werking en mag daarom niet al te vaak gegeven worden, d.w.z. niet dagelijks, maar hooguit eens in de week en liefst met een nog groter interval. Ze helpt ons ons aan grootse lichtervaringen over te geven en ons geconcentreerder aan het licht te wijden, zodat we het op aarde kunnen manifesteren en belichamen. Aldus komen ingrijpende zuiverings- en harmoniëringsprocessen en veranderingen in ons leven op gang.

Terwijl punten en piramiden de doelgerichtheid van bergkristal bevorderen, temperen de hieronder beschreven vormen door hun meer geronde slijpsel diezelfde doelgerichtheid en brengen meer zachtmoedigheid en harmonie.

Met op ieder energiecentrum een in een trommel geslepen bergkristal worden we met onze zwaktes geconfronteerd. In het heldere licht kunnen we ze eerlijk onder ogen zien en ons er rekenschap van geven. We houden ermee op anderen de schuld van onze moeilijkheden te geven en beginnen aan onszelf te werken. Eivormige bergkristallen stimuleren het nieuwe. Onze gedachten, gevoelens en gedragspatronen worden niet alleen gezuiverd, maar de ordenende krachten van het kristallicht brengen ons ook in vibraties die ons helpen een nieuw begin vol licht toe te laten. Goddelijke creativiteit inspireert ons en resulteert in een geboorte vol licht. Kogelvormige bergkristallen activeren zeer sterk ons kosmisch bewustzijn. We kunnen uitvoerig in de wereld van het licht rondkijken en zien alles wat voor de ontwikkeling van ons lichtbewustzijn belangrijk is. De volmaaktheid van het licht brengt ons door de kogelvorm naar ons middelpunt en bevrijdt ons van eenzijdigheid. We komen in de wereld van polariteiten tot eenheid, tot het ene, en worden waarlijk meester over ons leven.

DE EFFECTEN VAN REIKI-BEHANDELINGEN MET EDELSTENEN

De hiervoor beschreven effecten van een reiki-behandeling met zeven edelstenen zijn doorgaans niet al meteen na de eerste keer merkbaar en zichtbaar. De behandeling dient vaak enkele keren herhaald te worden, zodat de fijnstoffelijke energie zich in onze grofstoffelijke materie, ons lichaam, kan manifesteren en tot uitdrukking komen. In bepaalde uitzonderingsgevallen luidt de sterke impuls van reiki in combinatie met edelstenen nochtans al na de eerste (zelf-)behandeling een ingrijpende ommekeer en verandering in.

Reiki en de lichtkrachten van edelstenen kunnen ons echter heel wat meer brengen dan spontane genezing van een lichamelijk symptoom. Deze van licht en liefde overlopende universele levensenergieën zijn er voor heilige genezing, door welke we opnieuw met het licht in onszelf en in alles in contact komen en ons open kunnen stellen voor het liefdevolle schijnen van het licht. Ons bewustzijn en daarmee onze levensinstelling en levenswijze veranderen, wanneer we ons steeds weer aan het licht van de liefde in het universum wijden. We hebben in dit boek een heel eenvoudige en natuurlijke methode met reiki en edelstenen geleerd, welke methode, wanneer we een reiki-kanaal zijn, dagelijks de krachten door ons laat stromen als we onze handen opleggen. Ze worden versterkt door de schitterende kleuren van de edelstenen die we daarbij op het lichaam opleggen en door hun lichtwezen, die onze levensstroom en energiestelsels doorstromen. Dit is een heel bijzonder geschenk aan onszelf, dat we ons zo mogelijk ieder dag moesten geven.

Wanneer we een ander reiki met edelstenen geven, doen we er goed aan met hem erover te praten dat hij weliswaar om zijn pijn - op lichamelijk dan wel op psychisch niveau - naar ons toe is gekomen, maar er zich nu langzaam een holistisch gericht genezingsproces aan het voltrekken is, dat gepaard dient te gaan met inzicht in en verandering van zijn ziekte veroorzakende, verzwakkende, extreme, ongecontroleerd onbewuste gedragswijzen. Dat vereist dat hij bereid is de verantwoordelijkheid te dragen voor zichzelf en de oorzaken van zijn lijden, alsook dat hij leert zich van het vertrouwde, waardoor hij ziek geworden is, los te maken en veranderingen toe te laten die hem naar genezing en harmonie leiden.

Altijd bepaalt ieder mens zelf hoe snel hij zijn genezings- en veranderingsproces doorloopt en wat hij daarbij allemaal voor zichzelf moet ophelderen en hoe vaak hij daartoe reiki en de lichtkrachten van edelstenen nodig heeft.

Reiki brengt ons steeds weer bij de wortels van ons lijden en onze vermogens die in het licht willen komen. Steeds weer helpt reiki ons in het genezingsproces sterker op het licht en zijn allesomvattende, onvoorwaardelijke, allesbegrijpende en allesvergevende liefde afgestemd te raken en ons verlichte bewustzijn op aarde te manifesteren.

De edelstenen zijn daarbij 'lichtpuntjes', die voor hoogtepunten zorgen en onze innerlijke schoonheid en verborgen talenten en gaven laten stralen en zichtbaar laten worden en bezielde vreugde in ons opwekken.

Het samenstromen van beide krachten verhoogt de lichtvibratie, door welke de goddelijke liefde naar ons toe kan komen en zich in de liefde in ons hart kan weerspiegelen en via ons op aarde kan verspreiden.

Wij zwemmen in de zee der genade,
en toch versmachten we vaak van dorst,
omdat wij niet scheppen.

OVER DE SCHRIJFSTER

Ursula Klinger-Raatz werd geboren in 1950. Na haar academische opleiding verdiepte zij zich intensief in paranormale geneeswijzen, esoterische psychologie, wedergeboortetherapie, autogene training, yoga en meditatie. Op het pad van haar spirituele ontwikkeling kwam zij in 1983 terecht bij reiki. Zij onderging de inwijding in de 1e en 2e graad en werd ten slotte in 1988 door Phyllis Lei Furumoto tot reiki-meester in de traditionele overleveringslijn van de grootmeester ingewijd. In 1984 werd zij door een sjamaan in contact gebracht met de fijnstoffelijke lichtkrachten van edelstenen.

Ursula Klinger-Raatz is oprichtster en directrice van het *Institut für Ganzheitliche Psychologie* in Überlingen. Daar geeft zij individuele behandelingen, inwijdingen, vervolgcursussen en trainingen in reiki met edelstenen. Bovendien houdt zij in binnen- en buitenland voordrachten en workshops.